"十四五"职业教育国家规划教材

"十四五"职业教育辽宁省规划教材

汽车美容实训

（第2版）

主　编　侯　伟
副主编　李　晔　陈乐成
参　编　车成通　王　驰　朱大鹏
　　　　杨　凯　范　芳　付文宇

北京理工大学出版社
BEIJING INSTITUTE OF TECHNOLOGY PRESS

内 容 简 介

本书是一套完整的技能提升教材，它以汽车美容企业典型工作任务为导向，以综合职业能力培养为目标，抓住施工标准、工作过程，力求让学生快速适应汽车美容工作岗位主要服务项目的作业流程及标准。全书共六个项目、十九个学习任务，主要包括汽车美容行业认知、车表清洗、汽车内饰美容、汽车漆面美容、车身附属件美容、汽车防护等内容，体系完整、深入浅出、图文并茂、易教易学。

本书适用中等职业学校汽车美容与装潢专业及汽车运用与维修等专业教学，既可满足汽车美容装潢工职业技能培训，又可作为"1+X"证书试点培训用书。

版权专有　侵权必究

图书在版编目(CIP)数据

汽车美容实训/侯伟主编. -- 2版. --北京：北京理工大学出版社，2021.9（2024.8重印）
ISBN 978 – 7 – 5763 – 0357 – 5

Ⅰ.①汽… Ⅱ.①侯… Ⅲ.①汽车 – 车辆保养 – 中等专业学校 – 教材 Ⅳ.① U472

中国版本图书馆 CIP 数据核字（2021）第 190213 号

责任编辑：徐艳君　　**文案编辑**：徐艳君
责任校对：周瑞红　　**责任印制**：李志强

出版发行	北京理工大学出版社有限责任公司
社　　址	北京市丰台区四合庄路6号
邮　　编	100070
电　　话	（010）68914026（教材售后服务热线） （010）68944437（课件资源服务热线）
网　　址	http://www.bitpress.com.cn
版 印 次	2024年8月第2版第3次印刷
印　　刷	定州启航印刷有限公司
开　　本	889 mm×1194 mm　1/16
印　　张	15
字　　数	272千字
定　　价	48.50元

图书出现印装质量问题，请拨打售后服务热线，负责调换

前言

本书是根据教育部《中等职业学校汽车美容与装潢专业教学标准》，并参照《汽车美容装潢工职业标准》，结合现行汽车美容行业主要业务内容编写而成。

二十大报告提出："加快建设制造强国、质量强国、航天强国、交通强国、网络强国、数字中国。"社会对汽车后市场人才的需求日益增长，对从业人员的要求不断提高。本书以职业岗位能力为导向，以施工标准、工作过程为主题内容，将专业素养、工匠精神、职业荣誉等思政要素有机融合，突出对职业核心能力的培养与评价，构建深度学习管理体系；力求让学生快速、完全地掌握汽车美容服务项目的作业流程，为胜任工作岗位奠定基础，为加快建设"交通强国"提供汽车美容技术技能人才。

本书的特色：

一是任务引领。"校企双元"合作开发，以真实的工作任务为学习载体，建立工作任务与知识、技能的联系，学生在完成工作任务的过程中学习专业知识，提升职业能力。

二是结果驱动。通过完成典型工作任务，激发学生的成就动机；学习过程与评价都围绕职业能力的培养，涵盖职业技能考核要求，使学生获得完成工作任务所需要的综合职业能力。

三是内容适用。紧紧围绕完成工作任务的需要来选择学习内容，不强调知识的系统性，而是注重内容的实用性和针对性，技能操作步骤详尽，并配合图示，可操作性强。

四是突出标准。过程评价体系完整，评价标准紧密贴合企业施工标准，匹配行业要求。

五是适用面广。适用中等职业学校汽车美容与装潢专业及汽车运用与维修等专业教学，既可满足汽车美容装潢工职业技能培训，又可作为"1+X"证书试点培训用书。

本书教学学时为 80 学时，学时方案建议如下表，供参考。

项　目	建议学时
项目一　汽车美容行业认知	4
项目二　车表清洗	24
项目三　汽车内饰美容	16
项目四　汽车漆面美容	12
项目五　车身附属件美容	12
项目六　汽车防护	12
合　计	80

本书得到烟台瑞达汽车科技有限公司、大连尊尚汽车美容工坊、大连天一汽车科技有限公司、上海中威思度商务服务有限公司等企业专家的大力支持，共同提炼典型工作任务，提供企业作业标准、实训设备等技术指导。

本书由大连交通技师学院侯伟任主编，李晔、陈乐成任副主编，参与编写的有车成通、王驰、朱大鹏、杨凯、成都工业职业技术学院范芳、烟台瑞达汽车科技有限公司付文宇。全书由侯伟统稿，江苏省扬州技师学院陈坚、牡丹江市职业教育中心学校解本江审稿。

由于编者学识和水平有限，错漏之处在所难免，敬请批评指正。

目录

项目一　汽车美容行业认知 ··· 1
任务一　汽车美容行业企业调研 ··· 1
任务二　认识汽车美容设备与产品 ··· 7

项目二　车表清洗 ··· 21
任务一　专业人工清洗（普洗） ·· 22
任务二　专业人工清洗（精洗） ·· 31
任务三　汽车底盘清洗 ··· 41
任务四　电脑洗车机清洗 ··· 50

项目三　汽车内饰美容 ··· 59
任务一　汽车内饰清洁养护 ··· 59
任务二　汽车室内消毒净化 ··· 70
任务三　发动机舱清洁养护 ··· 76

项目四　汽车漆面美容 ··· 83
任务一　漆面抛光 ··· 83
任务二　漆面上蜡 ··· 94
任务三　漆面镀晶 ··· 101

项目五　车身附属件美容 ········· 109
任务一　玻璃美容 ········· 109
任务二　塑料件美容 ········· 121
任务三　橡胶件美容 ········· 127
任务四　电镀件美容 ········· 134

项目六　汽车防护 ········· 141
任务一　装贴太阳膜 ········· 141
任务二　装贴隐形车衣 ········· 152
任务三　装贴改色膜 ········· 159

参考文献 ········· 169

项目一

汽车美容行业认知

> **项目描述**
>
> 汽车是现代化的交通运输工具。随着我国经济的迅速发展，人民生活水平的提高，我国汽车工业进入了一个飞速发展的阶段，汽车已成为社会经济和人民生活不可缺少的重要组成部分。同时汽车的清洗、美容、护理、维修及相关配套的服务性行业，也得到了迅速的发展。各类汽车美容装饰店如雨后春笋般蓬勃发展起来，需要的相关高技能人才也越来越多。从事汽车美容工作必须掌握美容作业项目，了解行业发展状况，遵循礼仪规范，熟悉设备安全操作规程，合理选用汽车美容产品，这些对提高汽车美容专业水平，确保汽车美容质量具有重大的意义。

任务一　汽车美容行业企业调研

一、任务引入

汽车美容市场是一块大蛋糕，也是一摊浑水，蛋糕是越做越大，浑水也是越搅越浑。有句话叫"不识庐山真面目，只缘身在此山中"，这就是当前绝大多数汽车美容行业业内人士的典型写照。作为一名汽车美容行业的新兵，请走出校门采集汽车美容行业的具体情况吧！做一个扫街调研，了解一下汽车美容市场有什么样的店铺，都是什么规模，主营项目有哪些，生意如何，做得好的和别家有哪些不同之处。

二、任务目标

①能简述汽车美容市场发展趋势；
②能正确说出汽车美容常见作业项目；
③能正确说出汽车美容市场主流店铺的形式及特点；
④根据任务目标选择区域完成市场调研；
⑤通过调研探索，认同"平凡岗位、大有作为"；
⑥观察"三废"处理，树立环保意识，增强社会责任感。

三、任务准备

学习资源准备

汽车美容调研提纲、相机（手机）、汽车美容行业区域地图。

相关知识准备

"汽车美容"的概念最初于1994年在我国出现，如今这个概念已被公众普遍接受，而且汽车美容中心已遍及全国各地。"汽车美容"在西方国家被称为"汽车保养护理"，它已成为普及性的、专业化很强的服务行业。

随着汽车行业的迅猛发展以及人们生活水平的迅速提高，买车以及养车已经成为最为主要的民生问题之一，而汽车美容已经成为当今汽车养护方面必不可少的一部分，并且成为一种时尚。汽车美容作为一种新兴行业正在崛起，已成为21世纪的黄金行业。

（一）汽车美容行业现状

随着我国居民收入水平的增长，有车族将更加注重汽车文化的享受。我国城镇居民已经开始从汽车代步时代向享受汽车文化的时代迈进，大部分地区的城镇居民正在进入汽车消费时代，汽车已不再是人们身份和地位的象征，而成为汽车消费者对个性化、多元化文化取向的集中体现。

2020年，全国机动车保有量达3.72亿辆，其中汽车2.81亿辆；2020年全国新注册登记机动车3328万辆，比2019年增加114万辆，增长3.56%。从城市分布情况看，全国有70个城市的汽车保有量超过百万辆，同比增加4个城市，31个城市超200万辆，13个城市超

300万辆，汽车大规模地进入家庭为汽车美容养护行业开辟了更广阔的市场。市场调查表明，我国60%以上的私人高档汽车车主有给汽车做外部美容养护的习惯，30%以上的私人低档车车主也开始形成了给汽车做美容养护的观念，30%以上的公用高档汽车也定时进行外部美容养护，50%以上的私人车主愿意在掌握基本技术的情况下自己进行汽车美容和养护。由此可见，我国汽车美容市场有着巨大的发展空间。

（二）汽车美容发展趋势

近年来，随着我国汽车保有量的不断增加、有车一族对汽车美容知识的普及和提高，以及人们的消费意识的不断提高，我国汽车美容市场规模不断增长。为体现自己独特的个性和品位，车主在自己的汽车上投入越来越多，这对汽车美容行业服务的专业程度要求也越来越严格。汽车的日常维护已不再是简简单单的维修。

1. 多样化

随着我国汽车美容市场的角逐者越来越多，激烈的竞争将整体上拉低行业的利润水平，特别是诸如洗车、打蜡等技术含量较低的业务，利润空间将越来越小。为了保持盈利，企业必然将不断开发其他利润空间较高的新业务。因此，未来我国汽车美容行业在发展上将呈现立足低端业务，不断开发高端项目，服务项目越来越丰富的多样化趋势。

2. 连锁化

企业连锁经营能够使得企业在自身采购、仓储、物流、销售等环节拥有更精细化的管理，从而有效地降低成本，提高企业运转效率，提高企业盈利能力。同时，随着汽车后市场整合程度越来越高，外生力量影响力不断增强，跨行业的连锁公司、资本、电商、保险公司积极入局，连锁已经成为我国汽车美容行业发展的必由之路。

3. 品牌化

伴随着汽车美容连锁化的趋势，品牌化也将成为我国汽车美容行业的发展趋势之一。

一方面，汽车美容连锁店往往更注重品牌的树立，因为通过品牌化可以增强客户黏性；而另一方面，由于汽车美容行业的进入门槛比较低，在这几年里，商家数量不断在增加，竞争也越来越激烈，一些汽车美容商家不得不开始改变经营策略，通过提升自身的形象、提高服务质量等手段来获取良好的口碑，赢取更多客户。

今天，市场环境已经变化，汽车美容服务的服务模式和服务重心也已经发生变化。随着汽车技术的发展，汽车质量不断提高，大规模的修复需求将进一步减少，而以维修保养为主的快修美容店将成为市场主流。汽车保养、快修、内外装饰以及其他横向服务逐渐兴起，汽车美容出现品牌连锁经营、特许经营模式，甚至外资也开始进入这个市场，这些都标志着汽车美容服务风头正劲，而且正逐渐进入规范化和多元化阶段，谁能把握机遇，谁就能抢先占领市场。

（三）汽车美容门店的类型

1. 按商业位置分类

（1）地下车库型

这样的店面建在地下车库，客流量主要是地下车库的流通车辆。其优点在于店面的租金比较便宜，只要拥有专业的汽车美容养护服务，地下车库流通的车辆就是该店面的准客户。

（2）独立店面型

这样的店面通常有两种形式：一种是商业用地，也就是店主租来的独立的店面；还有一种就是私人用地，也就是店面本身就是店主所有，只是用作开汽车美容店而已。这样独立的店面，优点就是租金低或者没有租金，但是地理位置不是中心地带，当然，只要流经店面前的车辆多也是没有任何问题的。

（3）商业楼盘型

商业楼盘型的店面一般都是建立在商业楼盘的底楼，底楼用作施工区和客户接待区，二楼用作客休区和精品区。这种店面最大限度地合理利用了空间资源，并且节约了成本。商业楼盘型的店面相对来说租金可能要稍微高一点，但是附近都是商业楼盘或者住宅区，所以客源是相当丰富的，店面的收益肯定是更加高的。

2. 按经营模式分类

（1）汽车美容专项店

①专业洗车店。洗车店相对投资小，见效快，需求量大而揽客容易。早期由一台洗车机、几瓶泡沫洗车液、毛巾，好点的用洗车液，也有的用洗涤剂或者洗洁精等，就可以支撑一个路边店。后来根据需要发展为手工洗车、自动洗车、上门服务三种形式。随着技术的发展逐步出现水蜡洗车、水釉洗车、蒸汽洗车、无痕洗车、泡沫洗车、泡泡浴洗车、美人浴洗车等很多名词。随着市场逐步成熟，人工精细洗车模式成为吸引客户的一个手段。在环境、服务、特色方面着手创新，也是汽车美容市场发展的必然。

②汽车装饰店。早期汽车装饰的项目有贴膜、铺地胶、装排挡锁、装防盗器、装中控锁、车身内饰换桃木件、内饰包真皮、裁后备箱垫、定做座套、底盘装甲、安装倒车雷达、装CD机和VCD机、装低音炮等，还有很多小的项目，也有的叫作"汽车装具店"。现在随着我国汽车行业的高速发展，汽车进入多元化，防盗器、音响、地胶、真皮坐垫、倒车影像等一应俱全，同时4S店新车销售贴膜装甲等业务占据很大一部分，因此留给汽车装饰店的

空间变小，目前主要以高端品牌贴膜、安装导航、改装音响等为主。

③汽车美容工作室。汽车美容工作室是专业技师利用专业的技术和专业的产品来提高服务品质或者提供个性化服务，就是所谓小众服务，这也是工作室的发展方向。其特点是不走量，走精致路线、技术路线，可能有些还会走艺术路线、情怀路线。

（2）汽车美容连锁店

目前，汽车美容连锁经营主要有直营连锁、特许经营两种形式。

直营连锁是指连锁公司的店铺均由公司总部全资或控股开设，在总部的直接领导下统一经营，总部对店铺实施人、财、物及商流、物流、信息流等方面的统一管理。直营连锁形式由大资本运作，具有连锁组织集中管理、分散销售的特点，充分发挥了规模效应。

特许经营是指特许者将自己所拥有的商标、商号、产品、专利和专有技术、经营模式等以特许经营合同的形式授予被特许者使用，被特许者按合同规定，在特许者统一的专业模式下从事经营活动，并向特许者支付相应的费用。由于特许企业的存在形式具有连锁经营统一形象、统一管理等基本特征，因此被称为特许连锁。

（3）汽车美容综合店

传统的汽车美容综合店多是"汽车装饰+汽车用品+洗车"。随着市场竞争与日激烈，它进入了发展瓶颈期，于是通过增加服务项目来增加收入，推出一站式美容，包括洗车、美容、快修、轮胎、机油等。它以会所、生活馆、俱乐部等形式出现在市场上，装修豪华，服务周到，休息娱乐设施配套齐全，为部分追求便捷舒适的客户提供服务。

四、任务实施

（一）调研标准与要求

①做好自身物品准备，提高安全意识，注意自身安全；

②调研过程中牢记礼貌意识，待人接物发扬美德，加强抗挫折意识，以良好心态面对困难。

（二）调研时间

45分钟。

（三）教学组织

1. 教学组织形式

每组安排四名学生参与调研，适当安排相互之间比较熟悉的学生作为一组，保障发挥团队力量。

2. 学生职责要求

两名学生一组同时行动，密切协作，有效沟通，严格按照调研要求操作。

（四）操作步骤

美容市场实地调研的过程可分为以下几个步骤：

①调研的前期准备。调研的前期准备主要是指根据已有行业认知分析初步情况，明确调研目标，确定指导思想，限定调研的问题范围，列出调研的行动计划与时间安排表。

  a. 调研目的：实地了解目前本地区汽车美容市场的现状、主流汽车美容门店经营情况及目前主营项目的整体情况，观察店铺设置及主要设施。

  b. 调研范围：本地区汽车美容街区，重点考察不同类型特点鲜明的门店。

  c. 调研重点：门店位置、规模、经营形式、服务项目。

  d. 更多观察：哪些项目是客户经常做的，哪些项目是客户不经常做的，收费是多少？项目的施工流程是什么？门店做的产品品牌是什么？他们的营销思路是什么？等等。

  e. 调研表格：依据项目的调查内容制定并填写。

  f. 调研的时间与人员安排。

②组建调研团队，进行人员分工。

③按照计划，分工行动，责任到人，实施调研，处理调研过程中的问题。

④调研资料的整理分析。

⑤撰写调研报告，总结汇报调研活动。

五、拓展提升

影响汽车美容店发展的条件因素

①车辆交通：车辆数量、类型档次；

②步行交通：人数、类型，可判断店址的热闹、繁华度；

③停车设施：停车位、入店铺的容易度、街道栏杆开口位置、车流方向与店址位置；

④店铺群构成：同业店铺数目和规模、店距、店铺相容性；

⑤特定地点：店址建筑形状、大小、特征，店招的形状和可见度，视角辐射范围；

⑥开店条件：租赁条件、营运成本、税收、区域规划及区域法规。

请结合上述内容分析市场调研数据中的店铺发展情况，在小组内跟大家交流分享。

六、思考与练习

（一）填空题

1. "汽车美容"在西方国家被称为"_____"。
2. 汽车精洗是一种_____洗车模式。

（二）判断题

1. 一站式美容包括洗车、美容、快修、轮胎、机油等全项目服务。（   ）
2. 汽车美容产品的品牌化发展将成为制约汽车美容行业发展的因素。（   ）

（三）简答题

1. 汽车美容行业的发展趋势有哪些？
2. 常见的汽车美容门店有哪些类型？

任务二　认识汽车美容设备与产品

一、任务引入

小明是职业学校汽车美容与装潢专业的学生，毕业后顺利进入当地的美容企业工作。第一天上班时，小明看到店里各式各样的清洗设备工具和功能不同的清洁剂，顿时感到工作无从下手。技术总监安慰道："店里的虽然和学校里的不完全一样，但是基本功能是相同的。熟练地使用工具设备，合理地选用清洁剂是做好汽车美容工作的重中之重。"

"工欲善其事，必先利其器。"和小明一起开启汽车美容的职业生涯吧！

二、任务目标

① 能正确说出美容设备和工具的名称；
② 能正确说出汽车常用清洁剂的名称及作用；
③ 能简述汽车清洁剂的选用原则；
④ 能根据不同车况合理选用汽车清洁剂；

⑤能正确调配适量适用的清洁剂，按照规范配比，建立成本意识；
⑥能和客户进行沟通，讲解美容产品配置方案。

三、任务准备

学习资源准备

汽车美容实操设备和工具、美容产品、开放美容设备间。

相关知识准备

为什么要洗车？很多人会说，车子脏了当然要洗。然而，汽车的洗与不洗，其实大有学问，洗车并不是因为车脏，而是为了保护车漆。

（一）汽车美容设备和工具

现代汽车美容设备和工具大多是专业的，其特点是效率高、质量好。常见的汽车美容设备和工具如下所示：

（1）高压洗车机

高压洗车机是新一代汽车清洗设备。它采用一种高压装置将水加压到10MPa，形成高压水柱，对车体表面污渍进行清理，一般由电动机、水泵、管路、喷枪等组成，如图1-2-1所示。

（2）蒸汽洗车机

蒸汽洗车机是利用饱和蒸汽的高温外加高压达到清洗的效果。相比传统的清洁方法，蒸汽清洗是非常理想的清洁方式，可以避免难以处理的污水和昂贵的化学洗剂，达到高效、节水、洁净、干燥、低成本的要求。蒸汽洗车机如图1-2-2所示。

图1-2-1　高压洗车机

图1-2-2　蒸汽洗车机

（3）全自动洗车机

全自动洗车机是一种通过电脑设置相关程序来实现自动清洗、打蜡、风干、清洗轮辋等工作的机器，也称电脑汽车机。全自动洗车机分为毛刷式全自动洗车机和无接触式全自动洗车机，毛刷式全自动洗车机又分为隧道式和往复式全自动汽车机，如图 1-2-3~ 图 1-2-5 所示。

图 1-2-3　隧道式全自动洗车机

图 1-2-4　往复式全自动洗车机

图 1-2-5　无接触式全自动洗车机

（4）洗车悬臂

洗车悬臂是将高压洗车机的高压水管通过顶部悬吊的方式安装，确保在车辆清洗过程中不用拖拽高压水管的设备，如图 1-2-6 所示。

（5）空气压缩机

空气压缩机是一种用以压缩气体的设备，可输出高压气体，是必不可少的美容设备，如图 1-2-7 所示。空气压缩机分为螺杆式空气压缩机和活塞式空气压缩机两种。

图 1-2-6　洗车悬臂

图 1-2-7　空气压缩机

(6) 吸尘器

汽车美容专用吸尘器要求吸尘功率大，可对车内灰尘快速清理，按照固定方式分为壁挂式吸尘器（如图1-2-8所示）、可移动吸尘器和中央集中吸尘机构。

(7) 组合鼓

组合鼓可将高压空气、电源、常压水、泡沫洗车液、驱水蜡（水蜡）、泥沙松弛剂（泥土松动剂）、驱水镀膜剂以及机油等，根据工位的不同需求进行任意配置，最多可增至八组合，以改善工作环境，提高工作效率，如图1-2-9所示。

(8) 配比机

图1-2-8　壁挂吸尘器

配比机是按照不同美容产品的稀释比例进行分配的设备。常用机械配比机以流动的压力水为动力，且不需要其他任何动力设施，用配比泵内的水动力为引擎，带动配比泵内的活塞和连杆，将液体添加剂直接吸入并且溶于水流之中，如图1-2-10所示。

图1-2-9　组合鼓

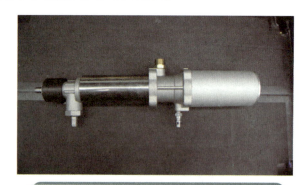

图1-2-10　配比机

(9) 电动抛光机

电动抛光机是一种集研磨和抛光于一体的设备，如图1-2-11所示。电动抛光机的类型分为直抛机、震抛机、细节抛光机。

(10) 打蜡机

打蜡机是利用压缩空气或电力进行打蜡施工的机器，如图1-2-12所示。

图1-2-11　电动抛光机

图1-2-12　打蜡机

（11）蒸汽机

蒸汽机用于隐形车衣和改色膜蒸汽加热，便于拉伸贴装，如图1-2-13所示。

（12）雾化降尘设备

雾化降尘设备利用压缩空气将水雾化均匀喷洒至车间空间，对空间内的灰尘等起到去除作用，如图1-2-14所示。

图1-2-13 蒸汽机

图1-2-14 雾化降尘设备

（13）毛巾

毛巾包括大毛巾、小毛巾、玻璃毛巾，主要用于汽车清洗，如图1-2-15所示。

（14）刷子

刷子包括清洗刷、上蜡刷、内饰刷、轮毂刷、发动机舱刷等，主要用于汽车清洗，如图1-2-16所示。

图1-2-15 毛巾

图1-2-16 刷子

（15）洗车海绵及手套

洗车海绵及手套包括珊瑚海绵、羊毛手套、珊瑚海绵等，主要用于汽车清洗，如图1-2-17所示。

（16）漆面清洁用品

漆面清洁用品包括洁朋泥、磨泥盘、磨泥布，主要用于漆面清洁，如图1-2-18所示。

图 1-2-17　洗车海绵及手套

图 1-2-18　漆面清洁用品

（17）喷壶

喷壶包括小喷壶、手压喷壶、贴膜喷壶，根据用途配合不同的溶液用于汽车清洗、贴装，如图 1-2-19 所示。

（18）抛光盘

抛光盘包括羊毛盘、海绵盘，用于漆面不同位置的抛光，根据切削力大小进行分类，如图 1-2-20 所示。

图 1-2-19　喷壶

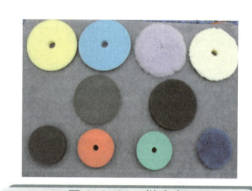

图 1-2-20　抛光盘

（19）龙卷风清洗枪

龙卷风清洗枪包括内饰枪、顶棚枪、干洗枪、镀膜枪等，如图 1-2-21 所示。

（20）抛光灯

抛光灯分为头戴式（如图 1-2-22 所示）、手持式、固定式，用于捕捉漆面各类划痕。

图 1-2-21　龙卷风清洗枪

图 1-2-22　头戴式抛光灯

（二）汽车美容产品

（1）洗车液

洗车液主要是用来去除车身表面的灰尘、油污，保护车身不受各类有害物质的侵蚀，保持漆面光泽，如图1-2-23所示。

在洗车过程中，对洗车液的选择非常关键。专业洗车液是洗车之本，所谓专业洗车液，指的是pH值约等于7的中性洗车液。目前，市面上一些不正规的洗车店用的大多是酸碱类的洗车液。酸性洗车液对车身的伤害是直接的、迅速的，它会很快渗透到车漆中腐蚀车身；而碱性洗车液对车漆的破坏却是慢性的。更有甚者，有一些洗车店为了节约成本，直接用洗涤灵和洗衣粉洗车，这对车漆的损伤尤为严重，几次过后，车身就会暗淡无光，失去原有的鲜艳光泽。

图1-2-23 洗车液

①碱性产品。碱性产品包括洗衣粉、肥皂水、洗洁精、洗涤剂。

碱性产品虽然也能去除车身表面的污渍，但车漆特别是亮油部分会受到碱的侵蚀，这样清洗几次后，车身就会暗淡无光，失去原有的鲜艳光泽。另外也有一些廉价洗车店用的是海藻粉和碱片混合而成的洗车液，这种洗车液成本低廉，对车损害极大。

②中性产品。中性产品pH值相对较弱，不易伤害到使用者和漆面。此类洗车液一般还添加天然车蜡，可防止静电产生。由于添加天然蜡成分，可以赋予车身整洁光亮的形象，赋予漆面一定的弹性，普通小沙粒一般不会划伤漆面。某些车蜡还具有比较强的抗紫外线能力，避免紫外线对漆面造成损害。

③环保产品。此类产品主要采用植物萃取提纯技术，提取自然界植物体内可以起到去渍除污作用的物质，对环境和使用者不会造成任何影响。植物萃取技术的产品除污能力较差，效率和效果也不明显，而且由于从植物体内萃取这些物质需要经过多道工序，使制造成本增加，产品较昂贵，所以其劣势就显而易见了，导致我们在市面上很少见到此类产品。

④生物降解产品。若想了解此类产品的原理必须先了解生物降解的概念。自然界存在的微生物分解物质，对环境不会造成负面影响。生物降解技术应用到汽车美容产品中就是利用微生物对污水中的清洁剂进行降解，不会对环境和使用者产生任何影响。目前国内运用生物降解技术的洗车液产品极为罕见，因其科技含量较高，且成本上相对来说也比较高。

（2）泥沙松弛剂

泥沙松弛剂由多种表面活性剂配置而成，能快速松脱漆面上的泥沙、污渍，让其自然滑落，避免因高压水枪冲洗而容易造成泥沙摩擦伤害汽车漆面，如图1-2-24所示。

(3) 驱水蜡

驱水蜡具有多重保护功能,可杜绝车身氧化,不易吸附灰尘,有效抵御紫外线的损害,避免车漆褪色、老化,如图1-2-25所示。驱水蜡是中性的,对车漆没有伤害,经常用驱水蜡洗车会使车漆的光泽更鲜亮,保护时间更长久。

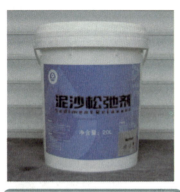

图1-2-24 泥沙松弛剂

图1-2-25 驱水蜡

(4) 内饰清洁剂

内饰清洁剂能够有效彻底地清除织物(内饰、地毯、车顶覆层)、真皮等面料、地板垫、光滑塑料表面以及涂漆内饰件上的污垢和灰尘,如图1-2-26所示。

(5) 铁粉去除剂

铁粉去除剂也叫氧化层清洁剂,是除掉汽车漆面上氧化层的最佳药剂,如图1-2-27所示。铁粉去除剂专门针对漆面氧化层的特性而研究配方,能够彻底去除漆面及轮毂上的金属氧化物,特别适合白色车翻新时使用,配合魔术黏土使用,不需抛光即可达到抛光的效果,深色车使用具有同样效果。

图1-2-26 内饰清洁剂

(6) 柏油清洁剂

柏油清洁剂不仅可以清洗沥青、柏油,还能清除贴纸不干胶等黏性物质,如图1-2-28所示。

图1-2-27 铁粉去除剂

图1-2-28 柏油清洁剂

（7）水印清洁剂

水印清洁剂可以有效去除汽车漆面的水印痕迹，它有一定的腐蚀性，不可以在亮条等金属表面上使用，如图 1-2-29 所示。

（8）水泥清洁剂

水泥清洁剂可以有效去除附着在车漆表面的水泥，保护漆面不受损伤，如图 1-2-30 所示。

图 1-2-29　水印清洁剂

图 1-2-30　水泥清洁剂

（9）皮革保护剂

皮革保护剂主要用于车内皮革制品的清洁和护理，如图 1-2-31 所示。皮革保护剂可以在皮革制品表面形成一层保护膜，起到抗老化、防水、防静电的作用，延长皮革制品的使用寿命。

（10）轮胎清洁剂

轮胎清洁剂主要用于轮毂与轮胎表面的污渍、灰尘、油污和铁粉等的分解清除，有效保护轮毂和轮胎的表面，如图 1-2-32 所示。

图 1-2-31　皮革保护剂

图 1-2-32　轮胎清洁剂

（11）轮胎上光蜡

轮胎上光蜡主要用于轮胎表面，起到清洁、上光和抗老化等作用，如图 1-2-33 所示。轮胎上光蜡可以恢复轮胎表面自然光泽。

（12）车漆蜡

车漆蜡分为固体蜡、糊状蜡和液体蜡，可以通过渗透到漆面中使表面平整而起到增加光亮度和保护车漆的作用，如图 1-2-34 所示。

图 1-2-33　轮胎上光蜡

图 1-2-34　车漆蜡

（13）镀晶

镀晶在车漆表面形成一层牢固的晶体，该隔离层具有抵抗紫外线、抗油、降低表面能、疏水的功能，从而保护漆面，如图 1-2-35 所示。

（14）抛光剂

抛光剂的主要作用是对汽车漆面上浅表的划痕、水迹、氧化层、太阳纹进行研磨、抛光处理，以求达到光亮鲜艳的镜面效果，如图 1-2-36 所示。

图 1-2-35　镀晶

图 1-2-36　抛光剂

（15）太阳膜

太阳膜又称为隔热膜、防爆膜，是很薄的聚酯薄膜 PET 基材（聚乙烯对苯二酸酯），是经深层染色、真空镀铝、磁控溅射、金属化镀膜、胶层合成处理等多种工艺，粘贴在玻璃表面，使普通玻璃具有优越的隔热、防爆、隔紫外线、装饰、私密等功能的新型复合材料，如图 1-2-37 所示。

(16) 改色膜

改色膜是一种 PVC 材质的个性化车身膜，可以实现传统喷漆工艺无法达到的效果，满足车主更多的个性化需求，如图 1-2-38 所示。

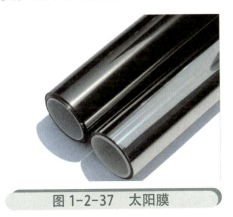

图 1-2-37 太阳膜

图 1-2-38 改色膜

(17) 隐形车衣

隐形车衣的作用是保护原厂漆，如图 1-2-39 所示。隐形车衣的优势不同于打蜡、镀晶，隐形车衣非常透明，可以和原来的车漆完美地融合在一起，不影响汽车原来的颜色，而且还可以让车体漆面在原有的光泽度上提升，一般光泽度提升 30%。最重要的是它持续的时间长，进口 TPU 材质一般使用 5~7 年。隐形车衣还可以防止一般的摩擦和划伤。

图 1-2-39 隐形车衣

(三) 常见的美容产品配比

常见的美容产品皆为浓缩液，为了有效充分地发挥其功能，减少浪费，提高美容保养工作的安全性，使用前必须严格按照使用说明进行稀释配比。浓度过高，既浪费产品，又对被清洁物有一定的损伤作用；浓度过低，则达不到清洁美容效果。常见的美容产品配比如表 1-2-1 所示。

表 1-2-1 常见的美容产品配比

序号	名称	配比比例	用途
1	洗车液	1∶120	泡沫丰富，去污力强
2	泥沙松弛剂	1∶400	能快速乳化分解汽车表面的泥沙和污垢
3	驱水蜡	1∶120	起驱水、保养、上光、增亮之功能

续表

序号	名称	配比比例	用途
4	内饰清洁剂	1∶5	配合毛巾、细节刷、棕榈蜡、纳米海绵使用，清洗内饰
5	铁粉去除剂	1∶5	去除车漆表面的氧化层，配和火山泥、洁泥布使用
6	柏油清洁剂	原液	清洁车漆玻璃上的不干胶贴和车漆上的沥青
7	水印清洁剂	1∶20	可以将水印分解清洗
8	水泥清洁剂	1∶3	去除车漆上的水泥
9	轮胎清洁剂	1∶5	可以有效地清洁轮胎、轮毂、门边合页上的污渍
10	轮胎上光蜡	原液	能阻止紫外线损害，避免橡胶老化、龟裂和失色，有效延长轮胎寿命
11	玻璃清洁剂	原液	去除玻璃上的油膜，清洁玻璃上的污渍
12	虫尸清洁剂	1∶8	有效地分解漆面上的虫尸、鸟粪
13	漆面脱脂剂	原液	漆面脱脂剂的使用是在镀晶之前需要操作的一个重要步骤，具有清除油脂、洁净漆面、不上车漆等功能，使汽车漆面镀晶效果更佳
14	发动机清洁剂	1∶8	清洗发动机上的油渍及污渍
15	发动机舱镀膜剂	原液	清洗发动机后，使用镀膜枪配合镀膜剂镀膜，主要是保护发动机舱内的线束和管路，增强抗腐蚀性能，还有上光的作用

四、任务实施

（一）技术标准与要求

①穿工作服，戴胶皮手套，做好自身清洁与保护；

②一人独立施工，严格按照流程操作；

③施工完成后要求无浪费、无残液。

（二）实训时间

5分钟。

（三）实训设备、工具及耗材

①设备和工具：喷壶等；
②耗材：清洁剂原液。

（四）教学组织

1. 教学组织形式

两名学生为一组，一名学生操作，另一名学生观察评价。

2. 实训教师职责

讲解操作步骤和注意事项；工位间巡视、检查、指导和纠正错误。

3. 学生职责变换

两名学生实行职责变换制度，第二遍两名学生换位操作。

（五）操作步骤

①配比轮胎清洁剂。准备轮胎清洁剂原液和喷壶，如图1-2-40所示。

②查找资料确定轮胎清洁剂的配比比例为1∶5，即100mL清洁剂原液配500mL的清水。

③读懂喷壶上各刻度的含义。如图1-2-41所示：中间列1-1，2-1，3-1，5-1，10-1为配比比例值；右侧列100，150，200等为毫升数；左侧列3，4，5等为美制液体单位盎司（OZ），1OZ=29.57mL。

④根据配比比例1∶5，将轮胎清洁剂原液倒入喷壶内5-1刻度线位置处，即150mL处，如图1-2-42所示。

⑤添加清水至750ml处，如图1-2-43所示。

图1-2-40　轮胎清洁剂原液和喷壶

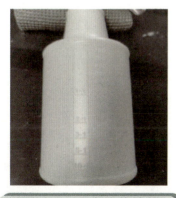

图1-2-41　刻度线读数

图1-2-42　原液加入

图1-2-43　添加清水

⑥轮胎清洁剂配比完毕，摇匀后即可使用。

（六）注意事项

①远离儿童存放；
②不慎溅入眼睛，用清水洗干净即可，严重时请就医；
③存储于阴凉干燥处。

五、拓展提升

①请结合实际配比其他清洁剂。

②铁粉去除剂的作用是去除车漆表面的氧化层，配合火山泥、洁泥布使用；配比比例是1∶5，即1L的铁粉去除剂配5L的水。请同学们使用铁粉去除剂原液和配比后的铁粉去除剂进行去除铁粉作业，观察去除效果后回答：

a. 哪种清洁剂去除效果明显？

b. 为什么不采用原液铁粉去除剂进行作业？

六、思考与练习

选择题

1. 车辆夜间行车，车辆前部及后视镜上都会残留大量虫尸，选用（　　）。
   A. 重油清洁剂　　　B. 铁粉去除剂　　　C. 柏油清洁剂　　　D. 虫尸清洁剂

2. 被油烟熏过的车表选用（　　）。
   A. 重油清洁剂　　　B. 铁粉去除剂　　　C. 柏油清洁剂　　　D. 虫尸清洁剂

3. 夏季沥青路面导致附着污渍，清洗时选用（　　）。
   A. 重油清洁剂　　　B. 铁粉去除剂　　　C. 柏油清洁剂　　　D. 虫尸清洁剂

项目二

车表清洗

项目描述

汽车清洗是汽车美容的首要环节，同时也是一个重要环节。它既是一项基础性的工作，也是一项经常性的工作。通常汽车清洗分为车表清洗和底盘清洗，车表清洗分为专业人工清洗和洗车机清洗。专业人工清洗是指通过高压清洗机与专用的清洁剂配合使用，并经过人工作业将车表污垢去除的一种作业方法；洗车机清洗是由洗车机提供全自动洗车，全程作业几乎无须人工操作自动完成，效率高效。

汽车在使用过程中，车身表面不但要经受日晒、雨淋、石击及冰雹、严寒及酷暑等多变环境条件的影响，同时在行驶中经常会接触化学药品及酸、碱、盐等腐蚀性物质。如果不及时清除这些污垢，不仅影响了汽车美观性，还会导致腐蚀和损伤。所以，汽车清洗对保持车表美观、延长车辆使用寿命有着重要的作用。

有时候我们可能经常会看到这样一个场面：下雨时，有些汽车被雨水淋后，车身上会出现一颗一颗的水珠，相反，有些汽车雨水淋在漆面上就铺成一片。这是为什么呢？

其实，那些注意养车的车主会经常洗车，这样便可随时保持车身漆面的光滑。而那些不常清洗的汽车由于车体本身已积了厚厚一层尘土，遭雨一淋，除了越来越脏，还会加速酸雨侵蚀车体漆面。

任务一 专业人工清洗（普洗）

一、任务引入

小明和小强是刚刚踏入工作岗位的汽车美容工。今天店里来了一辆需要清洗的车辆，车身表面布满了灰尘、鸟粪、沥青等污物，小明和小强需要选用正确的设备、清洁剂，采用恰当的清洗流程来清除这些污物，他们该怎么做？

二、任务目标

① 能正确说出洗车的含义；
② 能正确说出洗车的作用；
③ 能正确说出洗车的内容；
④ 能正确使用汽车普洗的各种设备、工具及耗材；
⑤ 能双人合作，在规定时间内完成汽车普洗作业；
⑥ 工作过程中注意节约用水，关注废水排放，建立环保意识。

三、任务准备

学习资源准备

开放美容设备间、洗车工位及配套设备、实训车辆、工作页、工作防护用品、配套电子学习资源等。

相关知识准备

（一）洗车的含义

洗车是指根据客户需求，按照一定的施工标准，达到让车身洁净、客户满意的一项服务性工作。

洗车工作看似很简单，但是洗得又快又好又能让客户满意就不容易了。洗车服务是汽车美容店面招揽生意、固定客源的一种最重要的手段。如果说汽车美容行业分为两端的话，洗车就是前端，美容与装饰就是后端。通过专业、快速的洗车服务会给客户留下良好的印象，为销售其他汽车用品和施工服务奠定信任基础。

（二）洗车的作用

（1）保持汽车外观整洁

汽车在行驶中经常置身于飞扬的尘土中，经受风吹日晒，雨雪天气还要在泥泞的道路上行驶，车身外表难免被泥土粘污，影响汽车外观。为使汽车外观保持清洁亮丽，应根据汽车所处的环境状况，经常对汽车进行清洗保养。

（2）消除大气污染的侵害

大气中有很多会对车身表面产生危害的污染物；其中，酸雨的危害性最大，它附着于车身表面会使漆面形成网纹或斑点，如不及时清洗还会造成漆层老化。因此，在工业污染较严重的地区，汽车淋雨后应及时到专业美容店进行清洗。

（3）清除车身表面顽渍

车身表面黏附树油、鸟粪、虫尸、焦油、沥青和飞漆等顽渍，如不及时清除就会腐蚀漆层，给护理增加难度。为此，车主要经常检查车身表面，一旦发现具有腐蚀性的顽渍应尽快清除。如已腐蚀漆层，则必须到专业汽车维修站或汽车4S店进行喷漆处理。

（三）洗车的学问

1. 洗车液的选择

洗车时应采用洗车专用的洗车液，并以含水蜡成分的洗车液为最佳。专业洗车液pH值为中性，不会侵蚀车表面，如含有水蜡成分，更能在洗车的同时给予车体一种滋润保养的功效，即便经常洗车，也不会损伤车漆，反而越洗越亮。

2. 有无预洗程序

汽车脏了，许多尘土、泥沙附在车身上。如果开始就用水枪冲，用海绵擦，洗车倒变成了给车"打砂皮"。专业的洗车应该在洗车前增加一道预洗的程序，即使用专业的设备将特别的预洗液喷洒在车身上，并等待一两分钟，经过浸泡，大部分的沙土可以与车漆脱离，再用水枪冲洗，这样可以避免直接喷洒洗车液冲洗时泥沙划伤漆面的危险。

3. 工具的选择

洗车时，洗车工具应有分工。熊掌手套用来擦车身，长毛刷用来洗轮圈，海绵用来洗轮胎，不能混淆，并且遵循从上到下的原则。擦车时，也要遵循从上到下的原则，用柔软的毛巾将车身上的水渍擦干，并用专业的干湿两用吸尘器到车厢内吸尘处理。

4. 时尚新洗法

随着洗车的专业化、高档化，不少车主已不满足普通的洗车，更进一步的专业洗车就应运而生了。

（1）精致清洗

精致清洗（精洗）指根据车身的不同部位选用不同的清洗液，从而达到最专业的洗车效果。比如，用专业的风挡清洗液细洗风挡玻璃，用专业的轮胎上光蜡翻新轮胎，用专业的轮圈清洁剂清洗轮圈，用专业的皮革清洁剂清洗内厢，等等。当然，精洗收费要高于普通清洗，不过，相当于一次小美容的效果还是极具吸引力的。

（2）发动机精洗

许多人不重视发动机的清洗保养，认为发动机舱洗不洗没有关系，其实这种观点是错误的。换一个角度看，为什么高档汽车的发动机舱底部都有护板？因为可以杜绝泥沙进入机舱。这样大家就明白了。

（四）洗车的内容

1. 车身的清洁

车身清洗是指把汽车车身的各个外观部位清洗干净。

2. 发动机舱的清洁养护

润滑油在发动机工作中受到燃料燃烧温度的影响和各种介质、金属的催化作用，逐渐变质老化，产生积碳、漆膜和油泥等对发动机有害的各种物质，它们分别在发动机的不同部位产生，逐渐淤积油路和摩擦表面，造成润滑不良和磨损加速，时刻危及发动机的正常使用。

3. 轮毂轮圈的清洁养护

轮圈和轮毂就是汽车的"鞋子"，如果鞋子表面有脏物或受损，即使车身洗得再干净，汽车再漂亮，也终会被这一点影响，从而降低了整辆车的美观性。

4. 玻璃、内室的清洁养护

汽车玻璃相当于汽车的眼睛，就像我们的眼睛一样，如果眼睛上边有灰尘或者眼球上总有一层雾蒙蒙的东西覆盖着，会影响我们的视觉功能。汽车也是一样！如果汽车玻璃长时间不清理就会影响驾驶者的视线，从而大大降低行车安全。

5. 玻璃水、雨刮器、胎压的检查

所谓"磨刀不误砍柴工",经常进行这些细节方面的维护和排查,会让我们的汽车使用起来更加方便。

（五）洗车的时机

1. 依天气来判断

①连续晴天时,一周做一次全车清洗较合理。平时只需车主用鸡毛掸子清除车身上的灰尘,再用湿毛巾或湿布擦拭前后风挡玻璃、车窗与两旁的后视镜即可。

②连续雨天时,平时只需车主用清水喷洒全车,使车上的污物掉落,然后用湿布或湿毛巾擦拭全车所有的玻璃。但当放晴之后,就得全车清洗一番。

③忽晴忽雨时,就得常常清洗车身,虽然很麻烦,但为求车身清洁及避免车表水滴的凸透镜效应损伤车漆也是不得已。

2. 依行驶的路况来判断

①行驶在工地或行经工地时,一般车辆都会被工地的污泥或水泥溅及,如果车辆被溅,应该立即使用大量清水清洗,以免附着久了伤及烤漆。

②行驶在海岸有露水或有雾气时,特别是驱车在海边垂钓过夜,因海水盐分大且有露水,雾气湿重,倘若返回后没有立刻使用清水彻底清洗一番,车身钣金则易遭受腐蚀。

③特殊情形。如停车在工地旁,受施工的水泥粉波及,或行驶中受工程单位涂刷油漆的波及,或行驶中受道路维修工程的柏油波及等情况,除了应立即用大量清水清洗,对油漆、柏油类的清洗应在打蜡中进行。

（六）清洗作业分析

汽车经常处于复杂的环境下,附着的污物各异。因此,对于专业的汽车美容而言,必须分析车身污垢状况,选择不同的清洁方式,而且每一种清洁方式都应使用专业用品并采取专业的操作步骤进行。汽车美容的全部项目中,车身清洗主要分为普通清洗、精致清洗、增艳清洗等。

1. 普通清洗

普通清洗主要是将不脱蜡清洁剂（洗车液）经过发泡涂布于车上,经过擦拭即能达到良好的清洁效果。

2. 精致清洗

若普通清洗未能较好去除污物时,可进行非去蜡清洗作业,即精致清洗。精致清洗可去除交通膜、沥青、鸟粪、树脂等顽渍。

3. 增艳清洗

增艳清洗是为了节约汽车美容时间，将汽车清洗与上蜡同时完成。增艳清洗使用的产品是清洁上蜡二合一香波，用这种产品进行清洗效果很好，不仅可以去除污物，同时会留下一层薄薄的蜡膜，为接下来的上蜡工序打基础，不但能增艳漆色，同时能增加蜡膜的光泽，提高汽车抗静电和抗氧化的能力，但持久性差，遇水极易溶化。人工作业的车表清洗极少采用增艳清洗，增艳清洗多用于电脑汽车机洗车。

四、任务实施

（一）技术标准与要求

①穿工作服，戴胶皮手套，做好自身清洁与保护；
②两人同步施工，严格按照流程操作；
③施工完成后要求车身表面无污物、无水渍，内饰无灰尘。

（二）实训时间

25 分钟。

（三）实训设备、工具及耗材

①设备：洗车机、洗车悬臂、吸尘器、组合鼓；
②工具：轮胎刷、轮毂刷、轮胎上蜡刷、大毛巾、小毛巾、玻璃毛巾等，如图 2-1-1 所示；
③耗材：泥沙松弛剂、泡沫洗车液、驱水蜡、轮胎清洁剂、轮胎上光蜡、玻璃清洁剂等，如图 2-1-1 所示。

（四）教学组织

1. 教学组织形式

每辆车安排四名学生参与实训，两名学生为一组，一组操作，另一组观察学习。

图 2-1-1 部分工具及耗材

2. 学生站位分工和要求

两名学生为一组，按照 A、B 进行编号。

3. 实训教师职责

讲解操作步骤和注意事项；下达"操作开始"口令；工位间巡视、检查、指导和纠正错误。

4. 学生职责变换

两名学生实行职责变换制度，第二遍两名学生换位操作。

（五）操作步骤

步骤一：个人防护准备，如图2-1-2所示。

步骤二：两人分左右将脚垫拿出，如图2-1-3所示。

图2-1-2　个人防护准备

图2-1-3　取出脚垫

步骤三：A喷洒预洗液到车身外表，如图2-1-4所示。

步骤四：两人分左右使用轮毂清洗刷和轮胎清洁刷对轮胎进行刷洗，如图2-1-5所示。

图2-1-4　喷洒预洗液

图2-1-5　轮毂和轮胎清洗

步骤五：A使用高压水枪冲洗车辆，冲洗顺序从车头顺时针施工，顺序为前机盖—前杠—右前翼子板—右前轮及护罩—前风挡玻璃—车顶—右前门—右后门—右侧下槛—右后翼子板—右后轮及护罩—后机盖—后杠—左后翼子板—左后轮及护罩—车顶—左后门—左前门—左侧下槛—前风挡玻璃—左前翼子板—左前轮及护罩，如图2-1-6所示。

步骤六：A用泡沫洗车液对车身进行喷洒，如图2-1-7所示。

图2-1-6　高压水枪冲洗车身

图2-1-7　车身喷洒泡沫洗车液

步骤七：B 清洗脚垫，如图 2-1-8 所示。全包围脚垫喷洒内饰清洁剂，使用蓝毛巾擦洗即可，丝圈脚垫可以使用高压水枪清洗。（此步骤与步骤三、步骤四同时进行）

步骤八：两人分左右同步使用羊毛手套进行擦拭，擦拭顺序依次为前机盖—前杠—前翼子板—前风挡玻璃—后视镜—前门—后门—车顶—后翼子板—后备箱盖、后杠，如图 2-1-9 所示。

图 2-1-8　清洗脚垫

图 2-1-9　羊毛手套擦拭

步骤九：使用珊瑚海绵对下槛及前后杠下侧泥沙较多处进行擦拭，要求擦拭轨迹规范，避免漏擦，如图 2-1-10 所示。

步骤十：A 使用高压水枪对车辆进行清洗，如图 2-1-11 所示。

图 2-1-10　珊瑚海绵擦拭

图 2-1-11　高压水枪清洗

步骤十一：B 在擦拭前喷洒驱水蜡，如图 2-1-12 所示。

步骤十二：两人同时使用两条大毛巾进行拖拽擦拭，从前杠开始到后机盖结束，如图 2-1-13 所示。两人使用大毛巾分左右对车身进行擦拭（大毛巾两次对折，两手各持一角进行操作），擦拭顺序从后机盖—后杠—后翼子板—后门—前门—后视镜—前风挡玻璃—前机盖—前杠。

图 2-1-12　喷洒驱水蜡

图 2-1-13　双人大毛巾擦拭

步骤十三：两人分左右用气枪配合黄毛巾脱水，注意格栅、车牌、边缝、油箱口灯处，如图2-1-14所示。

步骤十四：用灰毛巾擦拭下槛、门框、门槛，擦拭后打开所有车门，如图2-1-15所示。

图2-1-14　黄毛巾脱水

图2-1-15　灰毛巾擦拭

步骤十五：A擦拭主驾驶侧、中控台及左侧后座内饰，如图2-1-16所示；B擦拭副驾驶侧及右侧后座内饰及后备箱。注意：紫毛巾擦拭仪表台等部位，蓝毛巾擦拭地毯等部位。

步骤十六：使用吸尘器吸尘，如图2-1-17所示。

图2-1-16　内饰清洁

图2-1-17　吸尘器吸尘

步骤十七：A和B分两边将脚垫放回，如图2-1-18所示。

步骤十八：A使用玻璃毛巾分左右对全车玻璃外侧进行擦拭，擦拭顺序为前风挡玻璃—后视镜—前窗—后窗—后风挡玻璃，确保无水痕残留，擦拭过程中对车辆清洗效果进行检查，如图2-1-19所示。

图2-1-18　放回脚垫

图2-1-19　玻璃毛巾擦拭

步骤十九：B 使用轮胎上蜡刷配合轮胎上光蜡对两侧轮胎上光，如图 2-1-20 所示。

图 2-1-20 轮胎上蜡

步骤二十：全车竣工检查。

五、拓展提升

张华在某职业学校汽车美容与装潢专业毕业后进入汽车美容店工作。在一次员工交流会上，张华说在学校的时候学习了汽车的普洗技术。

①试问：张华如何言简意赅地阐述普洗的流程及使用到的工具、设备和清洁剂的名称及注意事项？

②课程结束后，将车辆某一部位清洗前后的对比图上传至资源库。

③如何快速地选择汽车清洗时所用的工具和耗材？比一比看谁的方法更好。

六、思考与练习

(一) 选择题

1. 下列工具中（　　）是车表清洗没有用到的设备。
A. 泡沫机　　　　　B. 空气压缩机　　　　　C. 清洗机　　　　　D. 吸尘器

2. 当车轮上有不易清洗的污点时，应使用（　　）刷子清除。
A. 铜制　　　　　B. 塑料　　　　　C. 钢制　　　　　D. 软毛

(二) 判断题

1. 车身清洗干净后应使用干毛巾擦拭车身。（　　）

2. 二合一清洁剂是指既有清洗功能，又有上蜡功效的清洁剂。（　　）

任务二 专业人工清洗(精洗)

一、任务引入

小明和小强刚刚完成了一辆车的清洗工作,车主问:"为什么旁边工位上车辆洗得比较细致呢?"小明跟车主解释:"两个工位上的车辆做的清洗项目不同,这辆车做的是精致清洗项目,俗称'精洗'。"

小明和小强是刚刚踏入工作岗位的汽车美容工。今天店里来了一辆需要精洗的车辆,他们应如何从专业的角度阐述精洗比普洗多了哪些作业内容?精洗的作业流程是什么?

二、任务目标

①能正确描述车表污垢的形成机理;
②能说出汽车清洁剂的除垢机理;
③能正确选用清洁剂清除车身表面污垢;
④能正确使用汽车精洗的各种设备、工具及耗材;
⑤能双人合作,在规定时间内完成汽车精洗作业;
⑥工作过程中注意节约用水,关注废水排放,建立环保意识。

三、任务准备

学习资源准备

开放美容设备间、洗车工位及配套设备、实训车辆、工作页、工作防护用品、配套电子学习资源等。

相关知识准备

(一)精洗技术

汽车精洗技术源自欧洲,所以也称"汽车欧式精洗",2010年年末引进中国。汽车精洗是指汽车内外的清洗，比传统洗车更细致、更干净。汽车精洗因为服务好、步骤多、设备完善、成本高，导致价格稍高，所以服务对象定位于中高档汽车消费群体，是汽车美容行业的主打服务项目之一。汽车精洗与传统洗车有很多不同之处，如施工步骤更复杂、美容产品使用更多样、施工效果要求更高等。

（二）汽车车身表面污垢分析

汽车车身表面的污垢主要是由尘土、泥沙及油污引起的，污垢包括外部沉积物、附着物、水垢、锈蚀和润滑残留物。它们往往具有很高的附着力，牢固地附在车身及汽车零部件的表面。由于这些污垢各有不同的性质，因此清洗的难易程度也不同。

1. 外部沉积物

外部沉积物，可以分为尘埃沉积物和油泥沉积物。大气中含有一定数量的尘埃，围绕在运动着的汽车附近。当尘埃颗粒的含量增加时，它在金属表面的凝聚和沉积也会加快。尘埃附着在汽车表面上的牢固程度主要取决于车身表面的清洁程度、尘埃的大小和空气的湿度。

油泥沉积物，是由于污泥和尘埃落到被润滑油污染的零件上而形成的；也可能相反，是由于润滑油落到了被污泥所污染的表面上，此时润滑油浸透了污泥并附着在车身表面。

2. 附着物

汽车在行驶中，容易沾上不同的附着物，如柏油、鸟粪、虫尸等。这些附着物能牢固地粘在车身表面，一般很难用水清洗干净，要用有机溶剂清洗。而且，这些附着物在车漆表面停留时间过长，会侵蚀到油漆的内部，甚至会对车身的基材造成损伤，所以，这些附着物一定要清除。

3. 水垢

落到汽车表面的水滴中会有颜料、化学溶剂等，会损伤漆面；时间长了水分蒸发干了以后，就会在车身上形成很难去掉的水垢，有些水垢甚至会浸透到油漆内，损伤车身钢板。若车身打蜡过度或者蜡的质量不好，融化后也会形成难以去除的污垢。

4. 锈蚀

汽车锈蚀主要发生在车身的钢铁部件上。在汽车底盘很难接触到的部位堆积含盐分、灰尘和湿气等物质，因轻微意外或碎石碰撞而划破表面烤漆防护层，以致造成锈蚀。若汽车某部位长期潮湿，尽管其他部位保持干燥，潮湿部位也可能生锈。

5. 润滑残留物

润滑残留物是汽车发动机、底盘最常见的污垢。汽车行驶时，润滑油经受急剧变化，发生"老化"、氧化和聚合。要从长期工作于润滑油介质中的零件表面上清除润滑油残留物是比较困难的。

（三）车表除垢机理

车表污垢按除垢机理可分为水溶性污垢与非水溶性污垢。水溶性污垢主要包括泥土、沙粒、灰尘等，这类污垢能溶于水中，因此很容易将其冲洗掉；非水溶性污垢，主要包括碳烟、矿物油、油脂、胶质物、铁锈、废气凝结物等，此类污垢不溶于水，一般应用有机清洁剂清洗。

清洗非水溶性污垢的清洁剂应具备以下特性：

①表面活性。在汽车表面清洗过程中，清洁剂应能使固体污垢形成悬浮液，使液体污垢形成乳浊液，以便将其从汽车表面上冲洗掉。

②分散性。指具有使固体污垢的颗粒在水等介质中分散成细小质点或胶状液体的能力。

③湿润性。指具有对污垢的湿润能力，即使固体污垢容易被水浸湿，形成浓稠的泡沫，增加清洗效果。

清洁剂是由多种表面活性剂配制而成的，具有很强的分解能力，能有效地去除车表的油污，其独特的表面活性剂成分可去除车身携带的静电和防止交通膜的形成，性质温和不腐蚀汽车漆面，液体浓缩、泡沫丰富，使用方便经济，是洗车最基本的耗材。

（四）汽车漆面常见的污渍及解决办法

①灰尘：灰尘和沙子是车漆上最多也是最常见的污垢。灰尘主要覆盖在车漆的表面，沙子主要附着在车门把手以下的位置。

解决方法：大部分可通过预洗液、洗车液来清洁。

②油渍：油渍的产生其实很简单，只要停在油烟机排风口附近或者烧烤店附近，油烟就会飘到车漆、玻璃、塑料件上，然后油渍夹杂灰尘，太阳加热后形成油渍。

解决方法：通过预洗液、洗车液清洁重度油渍，或使用重油清洁剂来清洁。

③沥青：沥青即常说的柏油，主要来自沥青路面，比如刚铺装的沥青路，还有夏天的高温导致沥青融化。沥青主要的沉积区域在轮毂、车门下部、侧裙边。沥青对汽车的危害是使清漆层受到腐蚀。

解决方法：使用柏油清洁剂清洁。

④铁粉：铁粉是平时看不到、摸不着的东西，但这东西的影响不比沥青小。铁粉的来源更多的是空气和刹车粉尘，当然还有其他途径。

解决方法：使用铁粉去除剂清洁。

⑤鸟粪：汽车停放在树下就容易有鸟粪留在车漆表面，如不及时清洗，会对漆面造成严重损伤。

解决方法：可以使用预洗液和洗车液及时清洁，也可使用虫尸清洁剂清洁。

⑥水印：汽车上残留的雨水，时间久了会出现明显的水渍印迹。

解决方法：使用水印清洁剂清洁。

⑦虫尸：夜间行车，汽车前部及后视镜上都会残留大量虫尸，虫尸不及时清洁会损伤漆面。

解决方法：使用虫尸清洁剂清洁。

⑧氧化层：漆面上的氧化层更多的是汽车高速行驶产生的静电，使污垢附着在车漆表面，同时不断堆叠沉积的结果。这个污垢的成分较为复杂，有灰尘、油渍、铁粉等。白色车最为明显，可以去看下雨后的白色车，漆面留下的黑色物质就是原始的氧化层成分。

解决方法：使用铁粉去除剂清洁。

⑨粘胶：属于外来污垢，比如有的贴实习标志，有的贴贴纸，很多贴了很久的贴纸会撕不下来，同时留下粘胶。

解决方法：使用柏油清洁剂清洁。

⑩水泥：一般出现在经常跑工地的汽车上，水泥粘在车漆上不会马上结块，如一旦结块，就很难处理，并且非专业处理方法可能会造成车漆刮花。

解决方法：使用水泥清洁剂清洁。

（五）汽车清洁剂

1. 汽车清洁剂的功用

①快速高效。由于清洁剂去污力强，采用清洁剂大大提高了清洗速度，并可将清洗与护理合二为一，减少了美容程序，提高了作业效率。

②优质环保。用清洁剂不仅可干净彻底地清除各种污渍，而且对汽车表面具有保护作用。采用环保型清洁剂清洗汽车，可减少对环境的污染。

③经济节能。1千克清洁剂可代替30千克溶剂油，大大降低了汽车清洗的费用。用清洁剂替代溶剂油清除油垢，减少了汽油或柴油的消耗。

2. 清洁剂的除垢机理

清洁剂除垢包括润湿、吸附、增溶、悬浮、去污五个过程。

（1）润湿

当清洁剂与被清洁表面上的污垢质点接触后，由于清洁剂溶液对污垢质点有很强的润湿力，被清洗物的表面很容易被清洁剂润湿，并促进它们之间充分的接触。清洁剂不仅能润湿污垢质点表面，而且能深入污垢聚集体的细小空隙中，使污垢与被清洗表面结合力减弱、松动。

（2）吸附

清洁剂中的电解质形成的无机离子吸附在污垢质点上，能改变对污垢质点的静电吸引力，并可防止污垢再沉积。清洗汽车外表面时，既有物理吸附（分子间相互吸引），又有化学吸附（类似化学键的力相互吸引）。

（3）增溶

污垢溶解在清洁剂溶液中。

（4）悬浮

清洁剂中的表面活性物质能在污垢质点表面形成定向排列的分子层，进一步增加了去污作用。从清洁剂的基本结构上看，在其分子内有两个部分：一部分是由长的碳氢链组成，它在油中溶解而在水中不溶解；另一部分是水溶性基因，它使整个分子在水中能够溶解而发生表面活性作用。这种分子又称极性分子，分子中油溶性部分称为亲油基或憎水基，水溶性部分称为亲水基或憎油基。表面活性物质分子与污垢质点接触后，其憎水的一端会吸附在污垢质点上，而亲水的一端与水结合在一起，这样吸附在污垢质点周围的很多定向排列的分子就起了桥梁作用，使污垢质点和周围的水溶液牢固地联结在一起，使憎水性污垢具有亲水性质，表面上的污垢脱落后，悬浮于清洁剂中。

（5）去污

通过高压水枪射流冲击力将污垢冲掉。

汽车清洗正是通过润湿—吸附—增溶—悬浮—去污的过程，不断循环，或综合起作用，将汽车表面上的污垢清除掉。

四、任务实施

（一）技术标准与要求

①穿工作服，戴胶皮手套，做好自身清洁与保护；
②两人同步施工，严格按照流程操作；
③施工完成后要求车身内外无污物、无水渍，内饰吹风口及缝隙等部位无灰尘。

（二）实训时间

45分钟。

（三）实训设备、工具及耗材

①设备：洗车机、洗车悬臂、吸尘器、组合鼓等；

②工具：轮胎刷、轮毂刷、轮胎上蜡刷、大毛巾、小毛巾、玻璃毛巾、细节刷等，如图2-2-1所示；

③耗材：预洗液、泡沫洗车液、驱水蜡、自洁素、内饰上光蜡、泥沙松弛剂、轮胎清洁剂、轮胎上光蜡、玻璃清洁剂等，如图2-2-1所示。

图 2-2-1 部分工具及耗材

（四）教学组织

1. 教学组织形式

每辆车安排四名学生参与实训，两名学生为一组，一组操作，另一组观察学习。

2. 学生站位分工和要求

两名学生为一组，按照A、B进行编号。

3. 实训教师职责

讲解操作步骤和注意事项；下达"操作开始"口令；工位间巡视、检查、指导和纠正错误。

4. 学生职责变换

两名学生实行职责变换制度，第二遍两名学生换位操作。

（五）操作步骤

步骤一：A首先使用收纳箱将车内物品取出，注意摆放位置，便于复位，如图2-2-2所示。

步骤二：B取出脚垫，如图2-2-3所示。对于有些3D包围的脚垫需要移动座椅方便去除。注意：取出脚垫时要轻轻取出，把脚垫上的污物连同脚垫一起取出，不要洒落在地毯上。

图 2-2-2 取出车内物品

图 2-2-3 取出脚垫

步骤三： 使用吹尘枪对门板及内饰进行吹尘，如图 2-2-4 所示。

步骤四： 两人分左右对车门板进行清洁，如图 2-2-5 所示。使用细节刷配合内饰毛巾进行清洗，门板清洗注意清洁到每一个部位，包括门板下的储物盒、侧门玻璃的缝隙、车门升降开关槽等。注意：开关、音箱部位不能直接喷洒内饰清洁剂，可以喷洒到毛巾上进行清洁。

图 2-2-4　内饰吹尘

图 2-2-5　车门板清洁

步骤五： 使用蓝毛巾对门槛等脏污部位首先进行清洁，如图 2-2-6 所示。然后对踏板进行刷洗。

步骤六： A 清理左侧仪表台及中控台，如图 2-2-7 所示。B 清理右侧及行李箱。使用细节刷配合内饰毛巾进行清洁，对仪表台空调出风口的缝隙用细节刷仔细清理，确保不留下灰尘。

图 2-2-6　门槛清洁

图 2-2-7　中控台清洁

步骤七： 座椅清洁，如图 2-2-8 所示。对座椅上的缝隙和表面污物进行清理，真皮座椅缝接处使用缝隙刷清理，同时清洁安全带。

步骤八： A 对车内及行李箱进行吸尘，如图 2-2-9 所示。避免吸尘器管在车内有拉蹭，防止真皮与装饰件被剐花。吸尘过后要确保车内及行李箱干净，无污物和灰尘。

图 2-2-8　座椅清洁

图 2-2-9　车内吸尘

步骤九: B 对脚垫进行清洁,如图 2-2-10 所示。全包围脚垫用内饰清洁剂配合毛巾擦拭,丝圈脚垫可以使用高压水枪清洗。

步骤十: B 将脚垫放回车内,如图 2-2-11 所示。放置完毕后要检查脚垫上的卡扣是否安装到正确位置,以免影响踏板的工作。

图 2-2-10 脚垫清洁

图 2-2-11 放回脚垫

步骤十一: 两人分左右使用轮胎清洁剂喷洒轮毂和轮胎,使用轮毂刷及轮胎刷配合软水对轮毂及轮胎进行刷洗,确保干净无污物,如图 2-2-12 所示。

步骤十二: A 将泥沙松弛剂均匀喷洒至车体表面,如图 2-2-13 所示。

图 2-2-12 轮毂和轮胎清洗

图 2-2-13 喷洒泥沙松弛剂

步骤十三: A 使用高压水枪对车辆外部进行清洗,确保车身大部分泥沙被冲洗掉,如图 2-2-14 所示。

步骤十四: A 使用泡沫壶(PA 壶)对车辆喷洒泡沫洗车液,如图 2-2-15 所示。

图 2-2-14 高压水枪清洗

图 2-2-15 喷洒泡沫洗车液

步骤十五：两人分左右使用细节刷清理格栅、车标、后视镜、门把手、油箱盖等缝隙处，如图 2-2-16 所示。

步骤十六：两人分左右同步使用羊毛手套对车辆进行擦洗，顺序依次为前机盖—前杠—前翼子板—前风挡玻璃—前门—后门—后翼子板—后备箱盖—后杠—车顶，要求擦拭轨迹规范，避免漏擦，如图 2-2-17 所示。

图 2-2-16 细节刷清理

图 2-2-17 羊毛手套擦洗

步骤十七：两人分左右使用珊瑚海绵对车辆下部较脏污处进行擦拭，如图 2-2-18 所示。

步骤十八：A 使用高压水枪对车辆进行冲洗，确保无泡沫残留，轮胎护罩及下槛要清洗干净，如图 2-2-19 所示。

图 2-2-18 珊瑚海绵擦拭

图 2-2-19 高压水枪冲洗

步骤十九：B 使用驱水蜡均匀喷洒至车辆表面，如图 2-2-20 所示。

步骤二十：两人同时使用两条大毛巾进行拖拽擦拭，从前杠开始到后机盖结束，如图 2-2-21 所示。此步骤带走前后机盖、前后风挡玻璃及车顶的水珠，大致脱干。

图 2-2-20 喷洒驱水蜡

图 2-2-21 双人大毛巾擦拭

步骤二十一：两人使用大毛巾分左右对车身进行擦拭，擦拭顺序从后机盖—后杠—后翼子板—后门—前门—前风挡玻璃—前机盖—前杠，如图2-2-22所示。

步骤二十二：两人分左右使用吹尘枪从前往后，对格栅—大灯—后视镜—门把手—板间缝隙—加油口—后机盖标志吹水，并用黄毛巾擦拭，确保车辆脱水干净无水渍，如图2-2-23所示。

图2-2-22　大毛巾擦拭车身

图2-2-23　吹尘枪脱水

步骤二十三：两人分左右擦拭门框、门槛、边缝等部位，使用灰毛巾擦拭，如图2-2-24所示。

步骤二十四：A使用玻璃毛巾分左右对全车玻璃进行擦拭，擦拭顺序为前风挡玻璃—后视镜—前窗—后窗—后风挡玻璃，确保无水痕残留，如图2-2-25所示。

图2-2-24　灰毛巾擦拭

图2-2-25　玻璃擦拭

步骤二十五：B使用轮胎上蜡刷配合轮胎上光蜡对两侧轮胎上光，如图2-2-26所示。

步骤二十六：全车竣工检查，如图2-2-27所示。

图2-2-26　轮胎上蜡

图2-2-27　全车竣工检查

五、拓展提升

汽车清洗过程中的注意事项

①用水冲洗汽车时，注意不要将水喷进锁孔；

②车身粘有沥青、油渍、工业尘垢或昆虫等，如果时间过长，它们会损坏油漆，可使用柏油清洁剂、虫尸清洁剂等去掉污渍；

③清洁车身油漆表面时，切勿使用刷子、粗布等，以避免留下划伤痕迹；

④盐、尘土、昆虫、鸟粪等杂物粘在汽车上的时间越长，对汽车的破坏性作用就越大，应及时进行清洗。

请结合所学知识，列举出3个在汽车清洗过程中的注意事项，在小组内或班级内进行简单阐述。

六、思考与练习

（一）选择题

汽车香波清洁剂的pH值是（　　）。

A. 酸性　　　　B. 碱性　　　　C. 中性　　　　D. 强酸性

（二）填空题

清洁剂除垢包括_____、_____、_____、_____、_____五个过程。

（三）判断题

1. 为了便于车身干燥，最好在阳光直射下清洗车辆。　　　　　　　　（　　）
2. 汽车驱水蜡具有脱蜡清洗功能。　　　　　　　　　　　　　　　　（　　）

任务三　汽车底盘清洗

一、任务引入

小王的汽车使用了一段时间了，平时在市区内行驶，道路条件较好，车辆外观保持的比较整洁。前两天带家人到郊外游玩，路经了一条泥泞的小路，回家后发现，汽车的前后保险杠、轮胎和汽车底盘位置附着了一些泥水等污物，小王很心疼，准备到汽车美容店寻求帮助。

二、任务目标

①能正确描述汽车的组成及其作用；
②能正确说出汽车底盘的组成及其作用；
③能正确区分出独立悬架与非独立悬架；
④能双人合作，在规定时间内完成汽车底盘清洗作业；
⑤能和客户进行沟通，讲解汽车底盘清洗的流程及作业方案；
⑥关注作业安全事项，建立尊重劳动的态度。

三、任务准备

学习资源准备

举升机、美容洗车工位、实训车辆、工作页、工作防护用品、配套电子学习资源等。

相关知识准备

（一）汽车的组成及其作用

汽车主要由发动机、底盘、车身、电气设备四大总成组成。

1. 发动机

发动机是汽车的动力装置，其作用是使燃料燃烧产生动力，然后通过底盘的传动系驱动车轮使汽车行驶。发动机主要有汽油发动机和柴油发动机两种。汽油发动机由曲柄连杆机构、配气机构和燃料供给系、冷却系、润滑系、点火系、起动系组成。柴油发动机的点火方式为压燃式，所以无点火系。

2. 底盘

底盘的作用是支承、安装汽车发动机及其各部件、总成，形成汽车的整体造型，并接受发动机的动力，使汽车产生运动，保证正常行驶。

3. 车身

车身安装在底盘的车架上，用以驾驶员、乘客乘坐或装载货物。轿车、客车的车身一般是整体结构，货车车身一般由驾驶室和货箱两部分组成。

4. 电气设备

电气设备由电源和用电设备两大部分组成。电源包括蓄电池和发电机。用电设备包括发动机的起动系、汽油机的点火系和其他用电装置。

（二）汽车底盘的组成及其作用

汽车底盘由传动系、行驶系、转向系和制动系四大系统组成，其作用为接收发动机的动力，使汽车运动并保证汽车能够按照驾驶员的操纵而正常行驶。

1. 传动系

不同的汽车，其底盘的组成稍有不同：对于载货汽车及部分轿车，其底盘一般是由离合器、手动变速器、万向传动装置、驱动桥等组成；而现在轿车中采用自动变速器的越来越多，其底盘包括自动变速器、万向传动装置、驱动桥等，即用自动变速器取代了离合器和手动变速器；如果是越野汽车（包括SUV，即运动型多功能车），还应包括分动器。传动系的作用是将发动机的动力传给驱动车轮。

2. 行驶系

行驶系主要由车架（车身）、车桥、悬架、车轮等组成。行驶系的作用是支承、安装汽车的各零部件总成，传递和承受车上、车下各种载荷的作用，以保证汽车的正常行驶。

3. 转向系

转向系主要由转向操纵机构、转向器、转向传动机构组成。现在汽车普遍采用动力转向装置。转向系的作用是保证汽车能够按照驾驶员选定的方向行驶。

4. 制动系

制动系一般包括行车制动系和驻车制动系两套相互独立的制动系统，每套制动系统都包括制动器和制动传动机构。现在汽车的行车制动系一般都装配有制动防抱死系统（ABS）。制动系的作用是使汽车减速、停车并能保证可靠地驻停。

（三）悬架的分类、组成及作用

悬架是车架与车桥之间一切传力连接装置的总称。其作用是将车架与车桥弹性地连接起来，以吸收或缓和车轮在不平道路上所受的冲击和震动，并传递力和力矩。

悬架由弹性元件、导向装置和减震器三部分组成。按其导向装置的基本形式不同可分为非独立悬架和独立悬架两大类。

独立悬架，指的是每个车轮都有独立的弹性悬架系统，彼此相互独立，工作时互不影响。

非独立悬架，顾名思义，车轮没有相对独立的结构，是一体的（中间由一刚性连接），特点是无法独立过滤颠簸，当一侧的车轮运动时，另一侧车轮也会受到一定的影响。

（四）车轮的拆装与注意事项

1. 拆卸步骤

（1）将车辆平稳停放于举升机位或采用卧式千斤顶；

（2）准备好套筒、气动扳手等工具；

（3）放好翼子板垫和车轮挡块，拉上手刹；

（4）将车轮顶离地面；

（5）用气动扳手对角松开轮毂螺栓。

2. 安装步骤

（1）固定好车轮位置，用手将轮毂螺栓拧入；

（2）用气动扳手将轮毂螺栓分次对角拧紧；

（3）将车子平稳下降，使轮胎与地面完全接触；

（4）用扭力扳手按标准力矩分次对角将轮毂螺栓拧紧。

注意：在举升车辆到合适位置后要第一时间落锁；拆卸轮毂螺栓时，逆时针方向为旋松；顺时针方向为旋紧。

（五）汽车底盘的清洗

汽车底盘由于与路面距离最近，工作环境比较恶劣，所以行驶中经常会粘上泥土、焦油、沥青等污物，特别是雨雪天气，底盘部位更容易粘上泥水，如不及时清洗容易形成顽渍和锈斑。另外，汽车底盘系统的油液渗漏，粘上灰尘后形成的油渍、油泥等，如不及时护理，就会影响到汽车的行驶性能。

1. 车身底板的清洗

车身底板是车身的最低部分，因此往往被人忽视。而且底板朝着行驶路面，行驶时最容易粘上泥水、焦油、沥青等污物，由于其污染情况一般不容易被发现，故常常因护理不及时而产生锈渍、锈斑等。对于泥土、焦油、沥青等可用发动机清洁剂或除油剂清洗，对于锈渍、锈斑等可用除锈剂进行擦洗。清洗完成后再用多功能防锈剂喷涂在底板上即可。

2. 转向系的清洗

转向系的转向横拉杆、转向节、转向节臂等部件位于车底，比较容易脏污，如不及时清洗，就会生锈而影响其应有的使用性能。一般的污渍可用多功能清洁剂进行清洗，如果发现有锈斑就必须用除锈剂进行擦洗。清洗后可喷上多功能防锈剂进行护理。此外，还可以在转向助力储液灌中添加转向助力调节密封剂，以恢复老化橡胶油封的密封性，防止转向液渗漏，消除因漏液而造成的转向迟钝、转向沉重等现象，还能清洗并润滑助力转向系的内部机件，防止胶质、老化和油泥产生，减少机件磨损，延长使用寿命。

3. 传动系的清洗

传动系的变速箱、传动轴、主减速器壳体、半轴套管等部件也容易粘上泥土、形成油泥而受到污染，长时间不清洗会对部件产生锈蚀。一般可视污物的性质选用专用清洁剂进行清洗。

4. 制动系的清洗

由于汽车制动系工作情况的特殊性，制动蹄片有可能会粘上油泥、制动液、烧蚀物、胶质等污物，容易产生制动噪声，影响制动性能，因此也必须定期进行清洁护理。可选专用的制动系清洁剂进行喷洒清洗，以有效地清除制动蹄片上的污物，改善制动效能，消除制动噪声。使用时只要将清洁剂喷在需要清洁的部位即可，如有需要可重复清洗。

5. 轮胎的清洗

轮胎上除了粘有灰尘、泥土，还有酸、碱性物质。清洗时要先将夹在轮胎花纹里的砂石清除，再用高压水冲去上面的泥土和灰尘。而对于一些酸、碱性物质，用水难以清除，普通清洁剂也只能除去尘土，因此，要想获得理想的轮胎清洗效果，应使用专用的轮胎清洁剂。轮胎清洁剂除了具有清洁、翻新等作用，同时还具有减少紫外线辐射、减缓橡胶老化、增黑上光、延长轮胎使用寿命等功能。

6. 轮圈的清洗

现代汽车轮圈除了钢制品，还有铝合金制品，其表面有装饰保护层，清洗时须特别小心。因此应使用中性清洁剂清洗，不可用碱性清洁剂、钢刷、腐蚀性溶剂、燃油或强烈清洁剂，否则会破坏保护层。此外，一定要用海绵等柔软的工具轻轻刷洗，不要用毛刷，否则将会严重损伤表面的光亮层。根据轮圈材质的不同，使用不同的清洁剂，一次清洗一个。一次清洗一个轮圈可避免清洁剂在轮圈表面凝固，若清洁剂凝固，则清洁效果将降低，且在使用清水冲洗时将更加困难。

当轮圈的温度很高时，千万不可清洁轮圈，因为高温会促使清洁剂发生化学变化，导致轮圈表面受损或降低清洁效果，选择良好的清洁剂也可降低因温度升高而变质的风险。最好让轮圈自然冷却1小时以上再清洁，千万不可用冷水冲洗冷却，此举易使轮圈受损，可能造成刹车盘的变形而影响制动效果，甚至导致交通事故的发生。

对于长期附着在轮圈上的积垢，如沥青、刹车皮的黑粉等，当各种清洁剂皆无法清洁时，可试着使用刷子消除污垢。切勿使用过硬的刷子或铁质刷子，此举将会划伤轮圈表面。车辆长期置放停车场，受其他车辆的排气污染（因排气化合物中含有酸性物质），也会导致轮圈表面的侵蚀。若车辆所在地区较为潮湿或接近海滨，也应勤加清洗，以免盐分侵蚀轮圈表面，轮圈清洗后，再用防酸清洁剂进行处理。一般应每两个星期一次彻底清洗轮圈上的盐分污垢和制动片上的残留物。

四、任务实施

（一）技术标准与要求

①穿工作服，戴胶皮手套，做好自身清洁与保护；
②两人同步施工，严格按照流程操作；
③施工完成后要求车底盘各部位无污物、无水渍。

（二）实训时间

120分钟。

（三）实训设备、工具及耗材

①设备：洗车机、洗车悬臂、吸尘器、组合鼓、举升机或千斤顶等；
②工具：世达120件、车轮挡块、轮胎扳手、轮胎刷、轮毂刷、轮胎上蜡刷、大毛巾、小毛巾、细节刷等，如图2-3-1所示；
③耗材：预洗液、泡沫洗车液、驱水蜡、自洁素、内饰上光蜡、泥沙松弛剂、轮胎清洁剂、轮胎上光蜡、油污清洁剂等，如图2-3-1所示。

图2-3-1 部分工具及耗材

（四）教学组织

1. 教学组织形式

每辆车安排四名学生参与实训，两名学生为一组，一组操作，另一组观察学习。

2. 学生站位分工和要求

两名学生为一组，按照A、B进行编号。

3. 实训教师职责

讲解操作步骤和注意事项；下达"操作开始"口令；工位间巡视、检查、指导和纠正错误。

4. 学生职责变换

两名学生实行职责变换制度，第二遍两名学生换位操作。

（五）操作步骤

步骤一： 将车辆平稳停放于举升机位或工位（采用卧式千斤顶），做好车辆防护，拉紧手刹，安装车轮挡块，如图2-3-2所示。

步骤二： A、B两人配合拆卸左前轮，如图2-3-3~图2-3-5所示。

图2-3-2 安装车轮挡块

图2-3-3 预松轮毂螺栓

图2-3-4 拆卸轮毂螺栓

图2-3-5 拆卸车轮

步骤三： A检查制动管路、减震器是否有漏油、损坏，如图2-3-6和图2-3-7所示。

图2-3-6 检查制动管路

图2-3-7 检查减震器

步骤四：A 使用泡沫洗车液和洗车机对轮毂、悬架系统、制动系进行初步预洗，B 使用轮胎清洁剂、油污清洁剂、轮胎刷、长柄刷等工具对拆下来的轮胎、钢圈进行清洗，如图 2-3-8~ 图 2-3-15 所示。

图 2-3-8　喷洒泡沫洗车液（1）

图 2-3-9　喷洒泡沫洗车液（2）

图 2-3-10　清洗

图 2-3-11　喷洒轮胎清洁剂

图 2-3-12　清洗钢圈（1）

图 2-3-13　清洗钢圈（2）

图 2-3-14　清洗轮胎（1）

图 2-3-15　清洗轮胎（2）

步骤五：A 使用轮胎清洁剂、油污清洁剂、长柄刷对轮毂、悬架系统、制动系进行再次清洗，如图 2-3-16 所示。对于有锈蚀的部位可以使用除锈剂进行清洗。A、B 两人配合依次完成 4 个车轮及轮毂、悬架系统、制动系的清洗。

步骤六：举升车辆，A、B 两人配合清洗转向系，如图 2-3-17 所示。采用专用清洁剂配合长柄刷进行清洗，最后用高压吹枪吹干。

图 2-3-16 清洗制动系

步骤七：A、B 两人配合清洗传动系，如图 2-3-18 所示。采用专用清洁剂、除锈剂配合洗车机、长柄刷进行清洗，最后用高压吹枪吹干。

图 2-3-17 清洗转向系

图 2-3-18 清洗传动系

步骤八：A、B 两人配合清洗汽车底板、防护汽车的排气管、线接头等，如图 2-3-19~图 2-3-22 所示。先用高压水枪冲洗底板，然后用专用的清洁剂再次冲洗底板，再用高压吹枪将底板吹干，最后解开防护的部位。

图 2-3-19 清洗排气管

图 2-3-20 清洗底板（1）

图 2-3-21 清洗底板（2）

图 2-3-22 冲洗

步骤九：全车竣工检查。

五、拓展提升

汽车底盘多久清理一次?

俗话说"烂车先烂底",就是指车主平时给爱车做保养时,总想不起来不显眼的底盘,久而久之,底盘生锈严重,导致机械功能出现问题。车主平时养护汽车注意到的一般就只有车身和发动机,事实上,底盘更关乎着汽车使用的安全性、操作性、经济性和使用性,如果不注意保养,它会悄悄地发生危险的变化。

一般来说,汽车底盘都是经过防锈处理的,但是长久的泥水腐蚀、高温烘烤、融雪剂腐蚀,再加上车主时不时地剐蹭一下,再好的防锈处理也该出现漏洞空隙了。而空气中的各种腐蚀物质,就会通过这些空隙钻进车身,腐蚀汽车部件,特别是遇上大雨的时候,可以想象,雨水加泥水对于汽车底盘的伤害有多大。

同学们,大家认为汽车底盘多久应该清洗一次呢?小组讨论后发表你的见解。

六、思考与练习

简答题

1. 汽车底盘清洗主要清洗哪几部分?
2. 汽车跑完长途以后,是否可以立即进入美容店进行清洗,为什么?

任务四　电脑洗车机清洗

一、任务引入

随着中国经济的飞速发展,汽车越来越多地进入了家庭。汽车的快速增长与人们生活节奏的日益加快,使得电脑洗车机现在越来越受到广大车主的青睐。这一现象表明,电脑洗车机洗车已经成为洗车业新的种类,它与专业人工清洗一样,成为车主又一新的选择。

汽车美容店的王老板最近比较苦恼,因为这个城市的白领阶层,平时工作节奏较快,很难有时间将爱车送到店里进行全面精洗。有一天,他的朋友给他支招:最近街边兴起的电脑洗车机可以提供高效快速的汽车清洗服务。作为店内美容工的小明,该如何向王老板推荐一款功能齐全、操作简单的电脑洗车机呢?

二、任务目标

①能说出电脑洗车机的分类及特点;
②能根据工位条件,正确选择电脑洗车机;
③能操作电脑洗车机进行清洗作业;
④观察体会,遵守纪律,养成良好的职业素养和行为习惯。

三、任务准备

学习资源准备

自动洗车实训车间及走访观察自动洗车店铺、实训车辆、工作页、工作防护用品、配套电子学习资源等。

相关知识准备

电脑洗车机属于大型固定式清洗设备,它是利用电脑控制高压水流,或控制毛刷与高压水流结合来清洗汽车车身的一种全自动机器。

电脑洗车机按有无滚刷分为无刷电脑洗车机和有刷电脑洗车机。后者又按其工作方式不同分为固定式和移动式两种。所谓固定式,就是洗车机不动,汽车缓慢通过洗车机的工作区域,洗车机按照相应的指令程序清洗汽车,如隧道式电脑洗车机。所谓移动式,就是汽车不动,洗车机按照一定的程序在导轨上来回移动,同时执行洗车指令,如往复式电脑洗车机。电脑洗车机都采用循环水洗车,属于节约环保型洗车方式。下面介绍应用比较广泛的无刷式电脑洗车机、隧道式电脑洗车机、往复式电脑洗车机和自助洗车机。

1. 无刷式电脑洗车机

在传统的洗车过程中都需要刷条、海绵、刷子之类的工具接触车身进行刷洗清理,但是在清洗较脏的车身时容易夹杂沙粒、泥粒等物质在车漆上摩擦,这时候的沙粒、泥粒就充当了打磨砂片中的砂粒,在清洗过程中就会出现刷花、刷伤车漆,造成汽车漆面的损伤。为了避免这一问题的出现,市场上推出了新型无刷式电脑洗车机,如图2-4-1所示。

图2-4-1 无刷式电脑洗车机

(1) 主要结构

该设备主要由高压喷水清洗系统和电脑控制系统组成。高压喷水系统由水泵室、储水罐、输水管路和喷头及控制阀等组成。控制系统全部由电脑控制。

(2) 操作方法

①把需要清洗的汽车开到清洗位置，停稳，关好车门，并关好清洗机门。

②启动控制系统，调好高压水压，打开喷头控制阀，按清洗整车的清洗工艺要求所规定的参数，对汽车进行喷淋清洗。

③清洗完后，停机。把机门打开，用干净的抹布把车身外表擦干净，然后把车开出来，对清洗质量进行检查。若不合格，则进行补救清洗，直到合格为止。

(3) 特点

无刷式电脑洗车机的优点在于无接触免擦洗，不伤车漆，洗车速度快。但必须确保水源质量，并定期清洗喷嘴。

2. 隧道式电脑洗车机

(1) 主要结构

隧道式电脑洗车机结构如图2-4-2和图2-4-3所示。

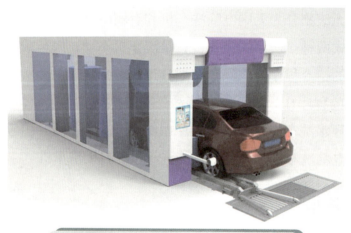

图 2-4-2　隧道式电脑洗车机

①输送机系统。待清洗的汽车进入隧道时，轮胎导正器可使汽车停在输送机的停车轨道上。输送机系统可将清洗的汽车通过隧道而完成清洗的运输功能。

②高压喷水系统。采用强力电动机和水泵产生高压水流，对汽车表面进行冲洗，可将车身上的微小沙粒和灰尘除去，以便进行刷洗。

③一对前小刷。对汽车的下部外表面进行刷洗，可除去部分污垢等。

④高泡沫喷洒系统。向车身喷洒高泡沫洗车液，以增强清洗除污能力。

⑤滚刷系统。对全车无死角进行清洗。

⑥喷洒系统。清洗之后,用喷洒系统对车身进行清洗后的护理,使车身涂膜更加鲜艳靓丽。

⑦吹风系统。由前风机和后风机组成,用清洁的高压空气将车身吹干。

⑧吹干后,部分残留水,采用人工擦干。

⑨控制操作系统。由控制箱和操作控制台组成。

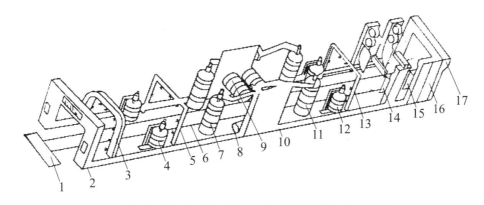

图 2-4-3 隧道式电脑洗车机结构示意图

1—轮胎导正器;2—隧道入口;3—高压喷水系统;4—前小刷;5—高泡沫喷洒系统;6—输送机系统;
7—前大刷;8—轮刷;9—前顶刷;10—后顶刷;11—后大刷;12—后小刷;13—保护剂喷洒系统;
14—前风机;15—后风机;16—隧道出口;17—控制操控系统

(2) 洗车操作

隧道式电脑洗车机的洗车过程是全自动的,全过程约需 30 秒即可完成,可达到快速、靓丽、安全和无划痕的洗车要求。其洗车过程如下:汽车对正洗车机入口,同时汽车左前轮驶入传送带入口,松开汽车驻车制动器,挂空挡。再由操作员按下启动按钮启动设备,汽车随传送带前行。当汽车头部遇到各工作系统(喷水器、清洗刷、雨刷、前小刷、前大刷、轮刷、前顶刷、后顶刷、后大刷、后小刷等)时,各系统依次进入所选择的作业,直到车辆尾部"走过"该系统。汽车由洗车机出口驶出后,洗车作业完成。

(3) 注意事项

①洗车机工作过程中,操作人员不得离开,以防意外事故发生。

②汽车进入洗车机时,左轮必须停放在入口的轨道间。

③关好车门、车窗,折回后视镜,收下天线,对车身突出物做适当的处理。

④开机前,检查导轨有无卡死现象,确保滚轮行走灵活。

⑤定期检查电控元器件的安全保护措施是否得当。

⑥主框架的材料是否生锈,若生锈应适时处理。

⑦每天都应检查刷毛材料,沙粒或杂物应立即清除;定期检查洗车机的刷毛材料是否变硬,变硬应及时更换,否则会损伤车漆。一般来说,第三代电脑洗车机泡棉刷的质量好,不易损伤车漆,而第一代尼龙刷、第二代棉布刷则容易变硬,刷里易裹沙粒或杂物,使用第

一、二代刷应相应缩短检查周期。

⑧严格按照使用说明操作,防止误操作,减少不必要的损失。

⑨严寒天气要按照使用说明采取相应的措施,预防冻结。

⑩洗车机长时间闲置或在冬天的夜晚,要放空水管中的积水,防止积水锈蚀元件或冻裂水管。

⑪定期给洗车机轴链部位涂抹黄油,如轮刷回转轴、顶刷回转轴、侧刷回转轴和各刷子的回转链条等部位。涂抹时要注意及时擦净流出的黄油,以免粘到刷子和汽车上(移动式洗车机轨道上严禁涂抹任何润滑油脂)。

3. 往复式电脑洗车机

往复式电脑洗车机在洗车时,汽车停在固定的位置不动,洗车设备根据车型来回往复运动,实现自动冲洗底盘(一般不要用自动冲底盘,因为有些汽车质量不好可能会把汽车喇叭冲坏)、自动喷电脑洗车机专用洗车液和驱水蜡、自动仿行刷洗、自动仿行风干。一辆脏车进去,一辆净车出来,洗车时间为3分钟左右,适合日洗车辆在120辆以下的汽车美容店。

(1)主要结构

往复式电脑洗车机主要由侧洗轮、俯洗轮和端洗轮组成,如图2-4-4所示。

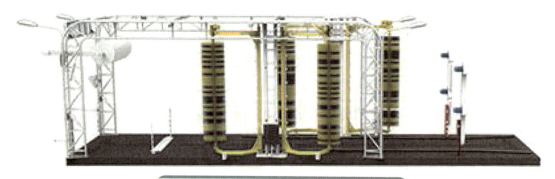

图2-4-4 往复式电脑洗车机

(2)使用方法

①把汽车开到清洗位置,停稳,关好车门。

②启动控制系统,调好清洗的水压、流速、时间等有关参数,开始清洗。

③全过程由电脑控制,洗完后自动停机。

④停机后,把汽车开出来,把汽车外表擦干,然后检验。若无清洗质量问题,即完成了清洗任务。

(3)特点

①该机能喷水也能喷洗车液。

②该机清洗速度快,几分钟就可清洗一辆汽车,自动化程度高,可实现无人操作洗车,

排放达到环保标准要求。

③该机具有独立的故障自动检测功能,使用安全可靠。

4. 自助洗车机

自助洗车机是通过投币、刷卡、人工完成洗车的一种新型便捷洗车机器,如图2-4-5所示。

图 2-4-5 自助洗车机

①自助洗车机分为自助水洗洗车机和自助蒸汽洗车机。

②自助洗车机可广泛应用于地下停车场、加油站、小区停车场、汽车美容店等场合。

四、任务实施

(一)技术标准与要求

①穿工作服,戴胶皮手套,做好自身清洁与保护;

②两人同步施工,严格按照流程操作;

③施工完成后要求各部位无污物、无水渍、无灰尘。

(二)实训时间

15分钟。

(三)实训设备、工具及耗材

无刷式电脑洗车机。

（四）教学组织

1. 教学组织形式

每台电脑洗车机安排四名学生参与实训，两名学生为一组，一组操作，另一组观察学习。

2. 学生站位分工和要求

两名学生为一组，按照 A、B 进行编号。

3. 实训教师职责

讲解操作步骤和注意事项；下达"操作开始"口令；工位间巡视、检查、指导和纠正错误。

4. 学生职责变换

两名学生实行职责变换制度，第二遍两名学生换位操作。

（五）操作步骤

步骤一：准备工作。调试洗车机，确保运转良好，各种易耗材料正常，关好车窗。

步骤二：人工预洗。对汽车污垢严重的部位先用手工方式进行预洗，如果污垢不严重则可直接上电脑洗车机清洗。

步骤三：汽车入位。待清洗的汽车进入工位，对车身突出物做适当的处理，如图 2-4-6 所示。

图 2-4-6　汽车入位

步骤四：清洗底盘。车身底部的高压清洗系统进行底盘的清洗，如图2-4-7所示。

步骤五：高压喷水。高压喷水系统对汽车车表进行冲淋，如图2-4-8所示。

图2-4-7 冲洗底盘

图2-4-8 高压喷水冲淋（1）

步骤六：喷洒泥沙松弛剂，如图2-4-9所示。

步骤七：喷洒泡沫洗车液，如图2-4-10所示。

图2-4-9 喷淋泥沙松弛剂

图2-4-10 喷淋泡沫洗车液

步骤八：高压喷水。高压喷水系统再次对汽车车表进行冲淋，如图2-4-11所示。

步骤九：上蜡护理。通过光亮蜡喷洒系统对车身进行清洗后的处理。

步骤十：风干。先由强力风系统将车身吹干，再通过特殊绒毛条组成的擦干系统将残留水痕擦拭干净，如图2-4-12所示。

图2-4-11 高压喷水冲淋（2）

图2-4-12 风干

步骤十一：质检交车、结束作业。

五、拓展提升

隧道式洗车机

隧道式洗车机是一条非常美观的由玻璃幕墙包裹的洗车通道，其外形可以处理成非常抢眼的、很醒目的色彩。一般情况下，经营者会把它安装在街边，让它起到广告和吸引来往车辆的作用，以达到加强经营效果的目的。隧道式洗车机在洗车时，洗车机不动，汽车在机器的拖动下，缓慢通过洗车机的工作区域。洗车机按照相应的指令程序达到清洗汽车的工作方式。

请查阅相关资料，总结出隧道式洗车机操作流程并在小组内展示。

六、思考与练习

简答题

列举应用比较广泛的电脑洗车机。

项目三

汽车内饰美容

> **项目描述**
>
> 汽车车内是一个密闭的空间，车内的空气不容易与外界流通更换，尤其是春秋季节风沙天气，车内经常会寄存一些沙粒，严重影响人员乘坐的舒适性。在春秋季呼吸道疾病多发时期，更容易增加车内人员的患病概率，甚至增加车内人员之间交互感染的可能性。因此，绿色健康的车内环境是非常必要的，必须进行相应的汽车内饰美容作业。
>
> 汽车内饰美容主要包括汽车内饰清洁养护、汽车室内消毒净化和发动机舱清洁养护。由于汽车内饰材料不同，相应的美容产品也有所不同，同时作业时需要处理的细节又非常多，因此要明确施工的项目内涵，严格遵循操作流程，高效、系统、细致地完成汽车内饰美容作业。

任务一 汽车内饰清洁养护

一、任务引入

夏天到了，小刘带着家人驾车到景区游玩，路上一家人吃吃喝喝很高兴。游玩结束后对汽车一检查发现了许多问题：座椅上有可乐的污渍，地板上的口香糖和泥沙混在一起，门边也被踩脏。为此，小刘将车开到汽车美容店寻求专业的帮助。

二、任务目标

①能正确说出汽车内饰清洁养护的作用；
②能正确说出汽车内饰污垢的种类与演变；
③能正确说出去除污垢的原理；
④能正确使用汽车内饰清洁养护的各种设备、工具及耗材；
⑤能双人合作，在规定时间内完成汽车内饰清洁养护作业；
⑥能和客户进行沟通，讲解内饰清洁养护的流程及作业方案。

三、任务准备

学习资源准备

汽车美容设备与工具、美容产品、实训车辆、工作页、工作防护用品、配套电子学习资源等。

相关知识准备

汽车内饰清洁养护是指对汽车内饰进行彻底清洗的一项作业。内饰清洁养护分为地毯、座椅、空调风口、行李箱、仪表台、中控台、地板、顶棚、座椅、后备箱等的清洁养护。

（一）汽车内饰清洁养护的作用

1. 美化车内环境

汽车内部环境对驾乘人员会产生重要的生理及心理影响。通过对内饰清洁养护使车内环境干净整齐，给驾乘人员营造一个温馨、美观的环境。

2. 净化车内空气

汽车内饰中的地毯、座椅、空调风口、行李箱等处经常接触潮湿的空气或水渍，在特定的环境中，这些地方最易滋生细菌，使内饰霉变，散发出臭气，不但影响了室内空气环境，更重要的是对人的健康发出了威胁。内饰清洁将有效改善上述危害。

3. 延长内饰件使用寿命

对内饰进行杀菌、除臭，可以有效地防止各种污物对内饰如地毯、真皮座椅、纤维织物等的腐蚀；使用专门的保护品，对塑料件、真皮及纤维品进行清洁、上光保护，可延长内饰件的使用寿命。

（二）车内变脏有异味的原因

(1) 驾驶室内

不少人有在车里吃东西的习惯，致使食物碎渣掉落在车里，仔细观察，可以发现车内各角落或多或少地有果汁残液、烟灰、食物碎渣甚至宠物粪尿、毛发等遗留物。这些残留物含有许多细菌，也是螨虫滋生的最好的载体，时刻都在危害着车内人员的健康。所以，至少应一个月清洗内饰一次，即做到彻底的车内清洁、除臭、杀菌处理。

(2) 后备箱内

载货、油污和其他污物。

（三）车内污垢的种类

①水溶性污垢：糖浆、果汁中的有机酸、盐、血液、黏附性的液体等。
②非水溶性固体污垢：泥、沙、金属粉末、铁锈或霉菌、虫尸等。
③油脂性污垢：润滑油、漆类产品、油彩、鞋油、沥青、食物油等。

（四）车内污垢的演变

(1) 第一阶段——黏附

污垢会在重力作用下停落或黏附在物体的表面。当有压力或摩擦力产生时，污垢也会渗透物体的表层，变得难以去除，如汽车玻璃及仪表台上的灰尘。

(2) 第二阶段——渗透

饮料或污水会渗透物件的表层，被物件所吸收，以至很难清除，如车门内饰板、挡位杆周边、脚垫上的饮料或血渍。

(3) 第三阶段——凝结

黏性污垢变干凝固后，会紧紧粘贴在物件表面，如汽车丝绒脚垫或地毯表面的轻油类污垢。

（五）车内污垢的去除原理

有效地清洗污渍需要4个方面相互配合，方能发挥最佳的清洁效能。

(1) 工具、设备

例如高温蒸汽可使极难去除的污垢在清洗之前得到软化，为手工清洁内饰部件上的污渍做好准备。再配合桑拿液，有明显的杀菌效果。

(2) 水

用水可去除水溶性污垢，但不能去除油脂性污垢。水起到媒介的作用，把污渍带走。

(3) 清洁剂

清洁剂能有效去除轻油脂及重油脂类污垢，帮助水分渗入丝绒化纤制品。

(4) 作用力

清洗内饰部件时，拍打、刷洗、挤压等皆有助于去除污垢。

（六）内饰清洁养护产品的分类

1. 水性类产品

水性类产品是特别为现代制造业高精密度金属工件的清洗而研发的新一代环保水基清洁剂，主要由植物提取物反应合成的表面活性剂、乳化剂、渗透剂、增溶剂及抗硬水剂等组成，不含有害添加剂如氯化物、酚、苯、甲醛、亚硝酸钠等。它具有超强的清洗渗透性、低泡性能，解决了常规清洁剂泡沫多、不适于压力喷淋清洗或除油污效果不佳等难题，是代替传统溶剂及水性清洁剂的最佳选择。其无毒、无害、环保，能有效保护环境，降低清洗成本。

2. 油脂类产品

油脂类保护剂呈乳状，液体，具有快速清洁、还原等功能，主要用来去除车身表面油脂、润滑油、污垢、硅酮抛光剂以及手印等。但该保护剂含有溶剂成分，会侵蚀分解塑料件、橡胶件，所以使用时尽量避免接触到塑料、橡胶部件，以免造成老化。

四、任务实施

（一）技术标准与要求

①穿工作服，戴胶皮手套，做好自身清洁与保护；
②两人同步施工，严格按照流程操作；
③施工完成后要求车身表面无污物、无水渍，内饰吹风口及缝隙无灰尘。

（二）实训时间

40 分钟。

（三）实训设备、工具及耗材

①设备和工具：头灯、顶棚枪、鬃毛刷、吸尘器、吹尘枪、内饰毛巾、玻璃毛巾、细节刷、皮革清洁刷、内饰枪等，如图 3-1-1 所示；

②耗材：纳米海绵、内饰清洁剂、皮革保护

图 3-1-1　部分清洁工具及耗材

剂、玻璃清洁剂、内饰上光蜡等，如图 3-1-1 所示。

（四）教学组织

1. 教学组织形式

每辆车安排四名学生参与实训，两名学生为一组，一组操作，另一组观察学习。

2. 学生站位分工和要求

两名学生为一组，按照 A、B 进行编号。

3. 实训教师职责

讲解操作步骤和注意事项；下达"操作开始"口令；工位间巡视、检查、指导和纠正错误。

4. 学生职责变换

两名学生实行职责变换制度，第二遍两名学生换位操作。

（五）操作步骤

步骤一： 首先使用收纳箱将车内物品取出，如图 3-1-2 所示。取出过程中要记得物品摆放位置，便于操作完成后归于原位。

步骤二： 两人分左右分别取出脚垫，如图 3-1-3 所示。对于有些 3D 包围的脚垫需要移动座椅方便去除。注意：取出脚垫时要轻轻取出，把脚垫上的污物连同脚垫一起取出，不要洒落在地毯上。

图 3-1-2　取出车内物品

图 3-1-3　取出脚垫

步骤三： 两人分左右对内饰吹尘，重点是缝隙处的灰尘和杂质的清理，如图 3-1-4 和图 3-1-5 所示。

图 3-1-4 内饰吹尘（1）

图 3-1-5 内饰吹尘（2）

步骤四：两人分左右对前后门板进行清洁，如图 3-1-6~ 图 3-1-8 所示。使用细节刷、内饰枪进行门板清洁，注意清洁到每一个部位，包括门板下的储物盒、侧窗玻璃的缝隙、车门升降开关槽等。

图 3-1-6 清洁门板（1）

图 3-1-7 清洁门板（2）

图 3-1-8 清洁门板（3）

步骤五：两人分左右使用内饰毛巾、吹尘枪对清洁后的车门进行清理。

步骤六：两人分左右对顶棚进行清洁，如图 3-1-9 和图 3-1-10 所示。使用内饰清洁剂配合顶棚枪对顶棚进行清洁，清洁后及时用内饰毛巾擦拭（注意用半干毛巾擦拭），最后使用干毛巾进行脱水处理。顶棚清洁需要按顺序清理，不能遗漏，避免清洁不均匀留下痕迹。

图 3-1-9　清洁顶棚（1）

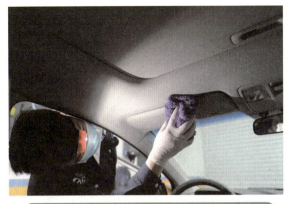

图 3-1-10　清洁顶棚（2）

步骤七：对 A、B、C 柱进行清洁，清洁方法与顶棚清洁方式相同，如图 3-1-11 和图 3-1-12 所示。

图 3-1-11　清洗 A、B、C 柱（1）

图 3-1-12　清洗 A、B、C 柱（2）

步骤八：两人分左右对安全带进行清洁，如图 3-1-13 和图 3-1-14 所示。首先使用小喷壶配合内饰清洁剂喷洒浸泡，然后使用鬃毛刷刷洗，再用内饰毛巾配合吹尘枪清洁干净。

图 3-1-13　清洁安全带

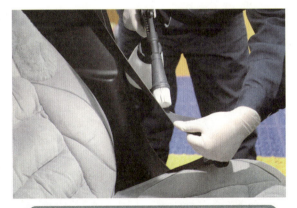

图 3-1-14　清洁安全带

步骤九：两人分左右使用吸尘器对车内进行吸尘清洁，如图 3-1-15～图 3-1-17 所示。尽量避免吸尘器管在车内有拉蹭，防止真皮与装饰件被剐花。吸尘应遵循从高到低的原则，首先进行顶棚的除尘，然后依次是仪表板、座椅、车门内侧及行李箱。

步骤十：两人分左右清洁仪表台，如图 3-1-18 所示。出风口使用细节刷、内饰毛巾配合内饰清洁剂进行清洁，对仪表台空调出风口的缝隙仔细清理，确保不留下灰尘。

图 3-1-15 车内吸尘（1）

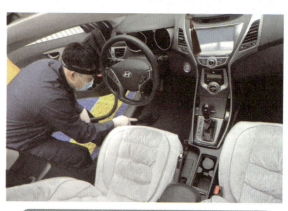

图 3-1-16 车内吸尘（2）

图 3-1-17 车内吸尘（3）

图 3-1-18 清洁仪表台

步骤十一： 仪表台表面可使用纳米海绵、细节刷配合内饰清洁剂进行清理，如图3-1-19所示。普通表面可以直接喷洒内饰清洁剂，然后使用纳米海绵和细节刷清洁；有电器部位可以把内饰清洁剂喷洒到纳米海绵上进行擦洗，注意不要让水渗透到显示屏和电器中。

步骤十二： A 清洁中控台，如图 3-1-20 所示。使用纳米海绵、细节刷、内饰毛巾配合内饰清洁剂对中控台清洁，对于中控台有电子设施的不能将内饰清洁剂直接喷洒到中控台表面。

图 3-1-19 清洁仪表台

图 3-1-20 清洁中控台

步骤十三： 两人分左右对前后座椅进行清洁，如图3-1-21和图3-1-22所示。棉织物座椅使用内饰枪配合内饰清洁剂进行清洁，然后使用内饰毛巾、吹尘枪将清洁后的座椅擦干。

应小面积逐步清洗，避免内饰清洁剂过多渗透到座椅内部。真皮座椅使用纳米海绵和细节刷配合内饰清洁剂进行清洁，如图 3-1-23 所示。比较脏污的缝隙可以使用细节刷配合内饰清洁剂刷洗，确保纹路及缝隙内的污物清理干净。

图 3-1-21　清洁座椅（1）

图 3-1-22　清洁座椅（2）

步骤十四： B 对行李箱进行清洁，如图 3-1-24 所示。首先清理行李箱内杂物，然后使用吸尘器对行李箱内部进行吸尘，再使用内饰枪配合内饰毛巾对行李箱进行清洁。

图 3-1-23　清洁座椅（3）

图 3-1-24　清洁行李箱

步骤十五： 两人分左右对地毯进行清洁，如图 3-1-25 所示。使用鬃毛刷、内饰毛巾配合内饰清洁剂对地毯清洁，注意座椅底座轨道附近缝隙需要重点清洁，确保无灰尘。

步骤十六： A 对脚踏板进行清洁，如图 3-1-26 所示。使用细节刷配合内饰清洁剂清理，用内饰毛巾擦拭。

图 3-1-25　清洁地毯

图 3-1-26　清洁脚踏板

步骤十七：内饰清理完，两人分左右使用内饰上光蜡对车门板、仪表台和中控台进行上光养护，如图 3-1-27 所示。要求无遗漏，注意方向盘及挂挡杆不允许使用上光蜡。

步骤十八：对于真皮座椅，使用皮革保护剂对清洗后的座椅进行上光养护，要求无遗漏，如图 3-1-28 所示。

图 3-1-27　内饰上蜡

图 3-1-28　养护真皮座椅

步骤十九：A 使用玻璃毛巾配合玻璃清洁剂擦拭侧窗玻璃内侧，如图 3-1-29 和图 3-1-30 所示。

图 3-1-29　清洁侧窗玻璃（1）

图 3-1-30　清洁侧窗玻璃（2）

步骤二十：B 对脚垫进行清洁，如图 3-1-31 和图 3-1-32 所示。特别脏的脚垫用鬃毛刷和内饰枪配合内饰清洁剂进行清洁，清洁干净后用毛巾擦干。

图 3-1-31　清洁脚垫（1）

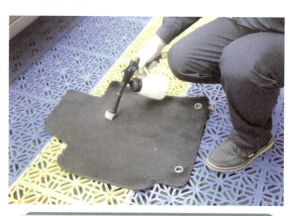

图 3-1-32　清洁脚垫（2）

步骤二十一：两人分左右将脚垫放回车内，放置完毕后要检查脚垫上的卡扣是否安装到正确位置，以免影响踏板的工作，如图 3-1-33 和图 3-1-34 所示。

图 3-1-33　放回脚垫（1）

图 3-1-34　放回脚垫（2）

五、拓展提升

张华在某职业学校汽车美容与装潢专业毕业后进入汽车美容店工作。在一次员工交流会上，张华说在学校的时候学习了汽车内饰清洁养护技术。

①试问：张华如何言简意赅地阐述汽车内饰清洁养护的流程及使用到的工具、设备和清洁剂的名称及注意事项？

②课程结束后，将汽车内饰座椅、安全带清洗前后的对比图上传至资源库。

六、思考与练习

（一）选择题

下列属于水溶性污垢的有（　　）。

A. 泥沙　　　　　B. 盐　　　　　C. 润滑油　　　　　D. 沥青

（二）判断题

汽车内饰可以在车内采取水洗的方式进行。　　　　　　　　　　　　　　　（　　）

（三）简答题

1. 简述车内空气污染的主要来源。

2. 描述车内污垢的演变。

任务二　汽车室内消毒净化

一、任务引入

夏天到了,老陈在使用汽车空调的过程中总感觉到车内有一股异味,时间久了,就感觉到头晕,不舒服。汽车美容店的小明给出了解决办法:这是由于车内长期没做消毒净化处理、车内细菌滋生导致的,对汽车全面做一次室内消毒净化处理就可以了。

汽车美容工小明接到这个任务:对老陈的汽车进行室内消毒净化。小明需要选用正确的设备、清洁剂,采用恰当的流程来进行汽车室内消毒净化,他该怎么做?

二、任务目标

①能正确说出汽车室内消毒净化的必要性;
②能正确说出汽车室内空气污染的来源;
③能正确说出汽车室内消毒净化的方法;
④能正确使用汽车室内消毒净化的各种设备、工具及耗材;
⑤能双人合作,在规定时间内完成汽车室内消毒净化作业;
⑥关注作业安全,建立环保意识。

三、任务准备

学习资源准备

汽车美容操作设备、美容产品、实训车辆、工作页、工作防护用品、配套电子学习资源等。

相关知识准备

汽车内饰清洁后,可谓焕然一新,但仍有许多看不见的有害细菌无法彻底消除。

二甲胺、酚类、苯类、四氯乙烯以及各种细菌,加上人体排出的汗液,鞋、袜、衣服等散发出的不同气味，人在谈话、咳嗽和打喷嚏喷射出来的唾沫，都不同程度上加重了车内空气的污染。"新车味道"中也充满了塑料泡沫、胶黏剂和地毯散发出来的挥发性有机化合物以及其他污染物，其危害也极大。

车内空间狭小、相对封闭，有害气体不易挥发，司机若长时间在这种污浊环境中驾驶，极易引起不适，甚至导致交通事故的发生。

（一）汽车室内空气污染的来源

①新车内饰材料中含有的有毒气体，主要包括苯、甲醛、丙酮和二甲苯等，这些有害物质在不知不觉中使人出现头痛、乏力、脱发等中毒症状。专家认为，内部装饰豪华的轿车更容易产生污染，其内部装饰选用的皮类、电镀件、金属件、油漆、工程塑料等材料处理不当，会辐射出更多的有害物质。

②汽车发动机产生的一氧化碳、汽油味，均会使汽车室内的空气质量下降。

③车用空调蒸发器长时间不进行清洗护理，就会在内部附着大量污垢，所产生的胺、烟碱和细菌等有害物质弥漫在车内狭小的空间里，导致车内空气质量变差，甚至缺氧。另外霉菌在汽车通风系统内长年存在，这个问题在潮湿气候条件下运行的空调中尤为突出，有的霉菌会造成哮喘、呼吸困难、记忆力减退及听力丧失、肺部出血等症状。

④人体自身的污染。当空气中二氧化碳浓度达到 0.5% 时，人就会出现头痛、头晕等不适感。车内空间较小，更容易造成污染。

⑤车内人员的交叉污染。

（二）汽车室内消毒净化的方法

1. 臭氧杀菌消毒净化

臭氧技术是既古老又崭新的技术。1840 年德国化学家发明了这一技术，1856 年被用于水处理消毒行业。目前，臭氧已广泛用于水处理、空气净化、食品加工、医疗、医药、水产养殖等领域，对这些行业的发展起到了极大的推动作用。臭氧可通过高压放电、电晕放电、电化学、光化学、原子辐射等方法得到；原理是利用高压电力或化学反应，使空气中的部分氧气分解后聚合为臭氧，这是氧的同素异形转变的一种过程，臭氧的分子式为 O_3。臭氧消毒机如图 3-2-1 所示。

（1）**臭氧杀菌消毒的形式**

臭氧是一种强氧化剂，杀菌消毒过程属生物化学氧化反应。臭氧杀菌消毒有以下 3 种形式：

图 3-2-1　臭氧消毒机

①臭氧能氧化分解细菌内部葡萄糖所需的酶，使细菌灭活死亡。

②直接与细菌、病毒作用，破坏它们的细胞器和 DNA、RNA，使细菌的新陈代谢受到破坏，导致细菌死亡。

③透过细胞膜组织，侵入细胞内，作用于外膜的脂蛋白和内部的脂多糖，使细菌发生通透性畸变而溶解死亡。

（2）臭氧杀菌消毒的注意事项

①臭氧对人体呼吸道黏膜有刺激。空气中臭氧浓度达 1mg/L 时，即可嗅出；达 2.5~5mg/L 时，可引起脉搏加速、疲倦、头痛，人若停留在这种环境中 1 小时以上，可发生肺气肿，以致死亡。故用臭氧消毒空气，必须是在人不在的条件下，消毒后至少过 30 分钟才能进入。

②臭氧为强氧化剂，对多种物品有损坏，浓度越高对物品损坏越严重。它可使铜片出现绿色锈斑、橡胶老化，使物品弹性减低，以致变脆、断裂，使织物漂白褪色等。

（3）臭氧杀菌消毒的好处

①臭氧杀菌消毒是通过臭氧在较短的时间内破坏细菌、病菌和其他微生物的结构，使之失去生存能力。臭氧对很多病菌、霉菌、真菌、原虫、卵囊都具有明显的杀灭效果，且就灭菌时间来说，迅速无比。

②臭氧杀菌消毒不会残存有害物质，不会对汽车造成二次污染。

③臭氧杀菌消毒会自动分解，消毒无异味、无残留，因其不含化学原料所以对人体也无害，对环境也无影响。

④臭氧还可以通过氧化反应有效去除有毒气体，如 CO、NO、SO_2、介子气等，消毒效果立竿见影，还可除异味。

2. 高温蒸汽杀菌消毒净化

当今社会不断进步，人们正在享受着科技时代带来的便捷与舒适，作为爱车一族的车主们也绝对不可能亏待自己的爱车。现在汽车后市场服务发展非常快，各种专业汽车美容养护服务不断涌现，深受广大爱车朋友们的青睐，尤其是汽车高温蒸汽杀菌消毒更受车主们的喜爱，它能够有效地减少车内细菌，保证身体健康。

高温蒸汽杀菌消毒的原理就是利用高压蒸汽机对汽车室内进行高温杀毒、消毒、除味。只要定期使用高温蒸汽设备对汽车室内进行高温蒸汽杀菌消毒，再使用专用清洁剂清洁，就可以杀菌消毒、清除异味，杜绝细菌螨虫的滋长，给车主提供一个清洁、舒适的环境。高温蒸汽机如图 3-2-2 所示。

图 3-2-2　高温蒸汽机

定期对汽车室内进行全面的杀菌消毒能够有效地养护好汽车，这项新技术的核心在于"蒸汽"二字，有着传统洗车方法无可比拟的消毒杀菌功效。

3. 等离子杀菌消毒净化

等离子杀菌消毒设备如图 3-2-3 所示。

（1）杀菌原理

采用双极等离子体静电场对带负电细菌分解与击破，将尘埃极化并吸附，再组合药物浸渍型活性炭、静电网、光触媒催化装置等组件进行二次杀菌过滤，经过处理的洁净空气大量快速循环流动，使受控环境保持在"无菌无尘室"的标准。

（2）杀菌效果

等离子杀菌快速彻底，对空气中自然菌杀菌率30分钟达到100%，对大肠杆菌、金黄色葡萄球菌、白色念珠菌40分钟内达到99%以上。开机45分钟空气沉降菌 ≤ 15 CFU/皿·30min、空气中浮游菌 ≤ 800 个 /m³，空气洁净度达到30万等级（ISO 9级标准）以上，最高可达到百级。

图 3-2-3　等离子杀菌消毒设备

4. 光触媒杀菌消毒净化

光触媒（Photocatalyst）是光（Photo=Light）+ 触媒（催化剂，Catalyst）的合成词，是一类以二氧化钛（TiO_2）为代表的具有光催化功能的半导体材料的总称，主要成分是本身无毒无害的二氧化钛。简而言之，光触媒即是光催化剂。所谓催化剂就是用于降低化学反应所需的能量，促使化学反应加快速度，但其本身却不因化学反应而产生变化的物质。光触媒，顾名思义，是以光的能量来作为化学反应的能量来源，利用二氧化钛作为催化剂，加速氧化还原反应，使吸附在表面的氧气及水分子激发成极具活性的 OH^- 及 O^{2-} 自由基，这些氧化力极强的自由基几乎可分解所有对人体或环境有害的有机物质及部分无机物质，使其迅速氧化分解为稳定且无害的物质（水、二氧化碳），以达到净化空气、杀菌、防臭的功用。光触媒在微弱的光线下也能促进化学反应，若在紫外线的照射下，光触媒的活性会加强。光触媒杀菌消毒产品如图 3-2-4 所示。

图 3-2-4　光触媒杀菌消毒产品

光触媒能彻底地解决汽车室内污染问题，它可以长期保持汽车空气清洁，让驾驶员和乘客生活在一个健康的环境中。

四、任务实施

（一）技术标准与要求

①穿工作服，戴胶皮手套，做好自身清洁与保护；
②两人配合施工，严格按照流程操作。

（二）实训时间

30分钟。

（三）实训设备、工具及耗材

臭氧消毒机、高温蒸汽机、蒸汽消毒液等。

（四）教学组织

1. 教学组织形式

每辆车安排四名学生参与实训，两名学生为一组，一组操作，另一组观察学习。

2. 学生站位分工和要求

两名学生为一组，按照A、B进行编号。

3. 实训教师职责

讲解操作步骤和注意事项；下达"操作开始"口令；工位间巡视、检查、指导和纠正错误。

4. 学生职责变换

两名学生实行职责变换制度，第二遍两名学生换位操作。

（五）操作步骤

1. 高温蒸汽杀菌消毒净化处理

（1）清洁护理

按照要求完成前期的汽车内饰吸尘、清洁护理工作，并移出车内物品。

(2) 高温蒸汽消毒

①按产品说明将适量的蒸汽消毒液加入高温蒸汽机中，加热直到有足量的蒸汽喷出。

②对已经过清洁护理的内饰件，由上到下进行蒸汽熏蒸，操作流程可按吸尘的顺序进行。重点加强对易于滋生细菌及驾乘人员易于接触的地方进行消毒净化。在使用蒸汽机时，不可用蒸汽直接对着仪表、开关等电器元件进行熏蒸。

(3) 空气净化

消毒完毕后，可以选择适合的香型，喷洒少量空气清新剂，使乘坐环境更为舒适。为了得到清新的空气环境，还可采用如下措施：起动发动机，提高转速到1500~2000转/分，将空调打到内循环，打开鼓风机，保持5分钟，可使车内空气焕然一新。

(4) 收尾工作

①将移出物品归位。

②断开高温蒸汽机电源，并将残余的高温蒸汽全部放掉。

③将作业所用的工具、设备及耗材归位，清洁场地。

2. 臭氧杀菌消毒净化处理

(1) 清洁护理

按照要求完成前期的汽车内饰吸尘、清洁护理工作，并移出车内物品。

(2) 消毒作业

①关闭车窗，让车内形成一个封闭的空间。

②将臭氧消毒机的输出管通过玻璃缝伸至汽车室内中间位置。

③将臭氧消毒机接上电源，开启消毒机，并按要求控制消毒作业时间。

注意：此步作业时，不能随意打开车门。

(3) 静放换气

臭氧杀菌消毒的时间应为15~30分钟。结束后，车主不能立即开门进入，要敞开车门几分钟，让车内没有反应完的臭氧充分反应后才可进入车内，因为臭氧极强的氧化性会对人体产生一定的危害。

(4) 空气净化

消毒完毕后，可以选择适合的香型，喷洒少量空气清新剂，使乘坐环境更为舒适。为了得到清新的空气环境，还可采用如下措施：起动发动机，提高转速到1500~2000转/分，将空调打到内循环，打开鼓风机，保持5分钟，可使车内空气焕然一新。

(5) 收尾工作

①断开臭氧消毒机电源。
②将移出物品归位。
③将作业所用的工具、设备及耗材归位，清洁场地。

五、拓展提升

张华在某职业学校汽车美容与装潢专业毕业后进入汽车美容店工作。在一次员工交流会上，张华说在学校的时候学习了汽车室内高温蒸汽杀菌消毒技术。

试问：张华如何言简意赅地阐述汽车室内高温蒸汽杀菌消毒流程及注意事项？

六、思考与练习

（一）填空题

1. 新车内饰材料中含有的有毒气体，主要包括_____、_____、_____和_____等。

2. 臭氧杀菌消毒原理是利用_____或_____，使空气中的部分氧气分解后聚合为臭氧，这是氧的同素异形转变的一种过程。

（二）判断题

定期对汽车室内进行全面的杀菌消毒能够有效地养护好汽车。　（　　）

（三）简答题

汽车室内消毒净化常用的方法。

任务三　发动机舱清洁养护

一、任务引入

刘先生的汽车已经购买了6年，最近在长时间使用汽车的过程中他发现汽车水温升高并伴有焦煳味。经过专业的检查后发现，问题来自汽车发动机：发动机舱内堆满了灰尘和杂物，发动机周边有一层很厚的油泥，散热器上布满了虫尸。于是刘先生将车拖到汽车美容店进行发动机舱清洁养护，问题得以解决。

汽车美容工小明接到这个任务：对刘先生的汽车进行发动机舱清洁养护。小明需要选用正确的设备、清洁剂，采用恰当的清洗流程来清除这些污物，他该怎么做？

二、任务目标

①能正确描述发动机舱美容的意义；
②能正确说出发动机舱污垢的种类；
③能正确使用发动机舱清洁养护的各种设备、工具及耗材；
④能在规定时间内完成汽车发动机舱的清洁养护作业；
⑤体会工作中的细节标准，建立精益求精的工作态度。

三、任务准备

学习资源准备

汽车美容实操工具、美容产品、实训车辆、工作页、工作防护用品、配套电子学习资源等。

相关知识准备

（一）发动机舱清洁养护的意义

汽车自燃事故中90%是由发动机引起的。发动机线路短路、漏油会引发事故；发动机长期处于高温运行状态，油垢、灰尘附着在线路、油路上很容易导致老化、破损，从而引发事故；发动机表面覆盖的污垢会影响散热，导致机舱温度过高，如果不做定期保养，会加速发动机内部部件的老化，影响发动机使用寿命。因此，发动机舱的清洁养护非常必要。发动机舱清洁养护是指对汽车发动机舱进行彻底清洗保护的一项作业。

（二）发动机舱污垢的种类

发动机舱污垢主要有油污垢、泥污垢、灰尘和杂物等。

（三）发动机舱清洁养护的注意事项

①不要往高温的发动机舱冲水或喷洒清洁剂，避免缩短其使用寿命。而且，在发动机舱高温时用水或清洁剂冲洗，会产生大量的水蒸气，这些水蒸气若渗透进电路和其他设备中，也对汽车造成损害。

②在清洗发动机舱时（尤其是老旧车型），一定要看清楚，未做防水处理的线束接口绝对不能用水直接冲洗。若发动机舱内存在裸露的蓄电池接口和其他电器接口，用水直接冲洗的话可能导致接口氧化生锈，最终会引起接触不良甚至短路。

③副厂大灯的密封性往往不及原厂大灯好，副厂大灯安装后出现雾气或进水的现象时有发生。因此，不要用水清洗大灯总成位置。

④火花塞和车内保险丝是绝对不能碰水或清洁剂的。

四、任务实施

（一）技术标准与要求

①需穿戴施工围裙、帽子、一次性防护手套、口罩、护目镜等防护措施；
②单人施工，严格按照流程操作；
③施工完成后要求发动机舱内无污物、无水渍。

（二）实训时间

40分钟。

（三）实训设备、工具及耗材

①设备和工具：头灯、翼子板垫、大毛巾、小喷壶、干洗枪、发动机清洗枪、长柄刷、发动机舱刷、细节刷、吹尘枪、发动机镀膜枪等，如图3-3-1所示。

②耗材：遮蔽膜、内饰清洁剂、机舱重油清洁剂、机舱镀膜剂等，如图3-3-1所示。

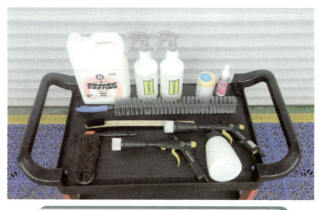

图3-3-1 部分工具及耗材

（四）教学组织

1. 教学组织形式

每辆车安排两名学生参与实训，一名学生操作，另一名学生观察学习。

2. 实训教师职责

讲解操作步骤和注意事项；下达"操作开始"口令；工位间巡视、检查、指导和纠正错误。

3. 学生职责变换

两名学生实行职责变换制度，第二遍两名学生换位操作。

（五）操作步骤

步骤一：使用遮蔽膜遮蔽前风挡玻璃和两侧翼子板，如图 3-3-2 所示。

步骤二：使用吹尘枪对发动机盖内侧和发动机舱表面灰尘进行吹尘处理，如图 3-3-3 所示。有发动机防尘罩的车辆拆除防尘罩后再清理。

图 3-3-2　车辆遮蔽

图 3-3-3　吹尘枪吹灰

步骤三：先清洗发动机盖内侧，使用内饰枪配合内饰清洁剂进行清洁，然后使用发动机清洗枪冲洗干净，如图 3-3-4 所示。

步骤四：使用干洗枪对机舱盖内侧脱水，用灰毛巾擦干，如图 3-3-5 所示。

图 3-3-4　发动机舱盖内侧清洗

图 3-3-5　发动机舱盖内侧脱水

步骤五：刷洗导水槽、水箱框架等周边部位，使用发动机清洁剂喷洒，使用发动机舱刷刷洗，如图 3-3-6 所示。

步骤六：冲洗导水槽、水箱框架等周边部位，使用花洒冲洗，如图 3-3-7 所示。注意：不要让水流入发动机舱。

图 3-3-6　刷洗导水槽

图 3-3-7　冲洗导水槽

步骤七：使用发动机清洁剂对发动机舱内均匀喷洒，对有油污处可多次喷洒，如图 3-3-8 所示。注意：有电器及插头部位要谨慎清洗。

步骤八：使用几种不同的清洁刷对不同部位的脏污进行刷洗，确保油污清理干净，如图 3-3-9 所示。

图 3-3-8　喷洒清洁剂

图 3-3-9　脏污刷洗

步骤九：使用发动机清洗枪对发动机舱进行清洗，确保发动机清洁剂被冲洗干净，如图 3-3-10 所示。冲洗后发现顽固污渍可重复步骤五进行清理。注意：对发动机舱电器设备及各种电器插头处不可以直接冲洗。

步骤十：使用吹尘枪对发动机舱进行脱水处理，如图 3-3-11 所示。注意：首先对电器设备和插座进行脱水。

图 3-3-10　发动机清洗枪清洗

图 3-3-11　吹尘枪脱水

步骤十一：使用灰毛巾对发动机表面擦拭，确保无水渍残留，如图 3-3-12 所示。

步骤十二：使用发动机镀膜枪配合机舱镀膜剂对发动机舱进行镀膜，确保无遗漏，如图 3-3-13 所示。

图 3-3-12　灰毛巾擦拭

图 3-3-13　发动机舱镀膜

步骤十三：使用打蜡棉擦拭发动机表面，确保机舱蜡均匀分布，如图 3-3-14 所示。

步骤十四：去除遮蔽膜，发动机舱清洗竣工检查，如图 3-3-15 所示。

图 3-3-14　打蜡棉擦拭

图 3-3-15　竣工检查

五、拓展提升

张华在某职业学校汽车美容与装潢专业毕业后进入汽车美容店工作。在一次员工交流会上，张华说在学校的时候学习了汽车发动机舱清洁养护技术。

①试问：张华如何言简意赅地阐述汽车发动机舱清洁养护的流程及使用到的工具、设备和清洁剂的名称及注意事项？

②课程结束后，将汽车发动机舱清洗前后的对比图上传至资源库。

六、思考与练习

（一）填空题

1. 发动机舱污垢主要有_____、_____、_____和杂物等。
2. 发动机舱清洁养护是指对_____进行彻底清洗保护的一项作业。

（二）判断题

1. 汽车自燃事故有90%是由发动机引起的。（　　）
2. 可以用水清洗大灯总成位置。（　　）
3. 火花塞和车内保险丝是绝对不能碰水或清洁剂的。（　　）

项目四

汽车漆面美容

> **项目描述** →
>
> 汽车漆面美容是指在车表清洗的基础上，采用专用的护理品，对车身漆面实施护理的美容作业。汽车漆面美容主要包含洗车、抛光、打蜡、封釉、镀膜、镀晶等，其中抛光、打蜡、镀晶是汽车漆面美容中最常见的项目。

任务一 漆面抛光

一、任务引入

车漆的组成分为电泳层、中涂层、色漆层和清漆层。其中，色漆便是我们日常看到的车漆色彩；清漆在最外面一层，日常对车辆漆面做的护理都是针对清漆层的。新车假如不多加爱护，开过一段时间以后漆面就会变旧，而要想汽车漆面回到光洁如新的状态，就必须对其进行抛光。

今天汽车美容店里来了一辆车，车漆表面暗淡无光，经过咨询诊断后，确定车辆可以通过抛光处理恢复光泽，车主同意对车辆进行处理。作为汽车美容工的小明和小强，该怎么做才能使车辆漆面焕然一新呢？

二、任务目标

①能正确说出抛光的原理；

②能正确说出抛光的基本方法；

③能正确说出漆面划痕的种类及处理方法；

④能正确使用漆面抛光的各种设备、工具及耗材；

⑤能双人合作或单人操作，在规定时间内完成漆面抛光作业；

⑥通过团队合作，树立良好的团队精神，形成合作意识。

三、任务准备

学习资源准备

汽车美容实操工具、美容产品、开放美容设备间、实训车辆、工作页、工作防护用品、配套电子学习资源等。

相关知识准备

（一）抛光的作用

如果说洗车是汽车护理的基础，研磨是漆面翻新的关键，那么抛光是漆面护理的艺术创作。一辆汽车能保养到新、光、滑、亮及持久程度都源于抛光施工艺术。抛光的作用是：

①消除漆面细微划痕；

②治理汽车漆面轻微损伤及各种斑迹，进而达到光亮无瑕的漆面效果。

（二）抛光的原理

汽车抛光是指美容技师利用抛光机、抛光盘和研磨剂等，使用规范的施工技术，实现车漆表面平整，提高光泽度的工艺。抛光是漆面美容的主要工艺，利用研磨、抛光、还原等手段，可以把汽车漆面上的划痕变为螺旋纹，再把螺旋纹不断细化到阳光下肉眼看不到为止（镜面）。

汽车抛光主要依靠以下3种途径：

①依靠研磨：即依靠摩擦材料把细微划痕去除。

②依靠釉剂：有一些抛光剂中含有亮光釉成分，抛光到一定程度后，可依靠釉的光泽来弥补漆面残存的缺陷。

③依靠化学反应：靠抛光机转速的调整使抛光剂产生化学反应。

前两种途径在日常美容中应用最为广泛，主要原因是初学者对抛光机的转速、抛光盘的材料、抛光剂的功效之间的关系不够了解，经验不足，不能很好地进行抛光处理，只能通过封釉来弥补。通常把这种途径得来的光泽称为"虚光"。虚光的特点是无法最终达到镜面效果，而且光泽缺乏深度，保持时间短。

有经验的美容技师会使用第 3 种途径，用抛光时产生的热能，使车漆与抛光剂之间产生能量转换，发生化学反应，进而消除细微划痕，让漆面显示出自身的光泽，达到抛光的最终目的。

（三）抛光的方法

抛光的三个核心是：抛光机、抛光盘、研磨剂的搭配；四个技术要素是：下压力、转速、移动速度、工作温度。

关于抛光的技术要素如表 4-1-1 所示。

表 4-1-1 抛光的技术要素

参数	粗抛	中抛	还原	收油
下压力 /千克	5	4	3~4	2
工作温度 /℃	65	55	55	40
时间	长	中	短	极短
转速 /（转/分）	1200~2000	2000~3000	3000~4800	3000~4500
移动速度	慢	中	快	油多~慢
切削厚度 /微米	4~6	2~4	1~2	无

抛光常用的 5 种基本方法分别是平抛、慢抛、翘抛、轻抛、点抛。

①平抛：机器在抛光过程中，兔毛球与漆面成完全吻合状态，防止机器在高速转动时因受力点不均而损伤车漆。这种抛法适用于平面和侧面没有弧度的情况。

②慢抛：机器在回拉过程中，施力均匀，速度相对缓慢，便于进一步地处理划痕或达到晶亮的目的。一般车况较差或现场演示时用此抛光法。

③翘抛：为了增强切削力，使机器的一端边缘翘起，提高抛光速度。一般针对原车漆或漆面落有杂物时使用。此抛光法难度大、危险性较高，非技术娴熟人员切勿使用。

④轻抛：机器快送慢拉过程中，均轻微用力，以免损伤车漆。一般在抛前后杠、门条、门框等塑料物件时，使用这种抛光法。

⑤点抛：根据漆面不同的部位，适当降低机器转速。这种抛光法一般用于漆面的边、棱、筋、角处，以及车标、门把手等复杂的地方。

（四）抛光的注意事项

抛光是为了把漆面均匀地进行研磨，为此，需要想办法控制抛光压力。

①抛光压力：以抛光机自身的质量为基础，在平面上抛光时不需要使用太大的压力；在侧面进行抛光作业时，也仅需要使用与平面同等压力。不要增加或减少压力，否则就容易因为压力不均匀而导致有的部位抛得严重、有的部位抛得较轻，于是或者产生光圈或者划痕没有清除。

②抛光盘面与抛光面的角度：抛光时应根据盘面的形状使用压力。如果过度地抛光会形成研磨面不均匀，同时由于局部发热，会造成"抛光分界线""抛光伤痕""抛光烧接"等现象。因此抛光盘面与抛光面的角度要尽量小，避免在局部增加过大的压力。

③抛光范围：一次抛光的范围以肩膀宽度为宜。如果过宽就要依靠臂力，则用力不均匀，会造成抛光面的不均匀。如果使用臂力，则不能长时间进行抛光作业。

④移动的速度：在研磨时抛光机应有比较适宜的速度；如果速度过快，不但不易控制按压力，还会使切削量不足，出现摩擦不均匀现象。

⑤移动抛光的幅度：抛光盘面以每次重合盘面的1/4~1/3面积进行移动。

（五）漆面划痕的类别及分辨

漆面划痕按照损伤程度分为轻微划痕、中度划痕和重度划痕。

①轻微划痕是指因不规范洗车使车漆表面轻微摩擦而产生的细微划痕，在光线充足的条件下可见，如发丝纹、炫纹等在清漆表面的细微划痕。

②中度划痕是指漆面出现明显可见，用手指甲不能明显感受到的划痕。

③重度划痕是用手指甲明显感觉到，并划透清漆层的划痕。

轻微划痕和中度划痕可以通过抛光工艺修复，重度划痕无法通过抛光手段完全恢复，建议重新喷涂油漆进行修复。

四、任务实施

（一）技术标准与要求

①穿工作服，戴胶皮手套，做好自身清洁与保护；
②两人同步施工，严格按照流程操作；
③施工完成后要求车身表面无污物、无水渍。

（二）实训时间

30分钟。

（三）实训设备、工具及耗材

①设备和工具：头灯、顶棚枪、鬃毛刷、吸尘器、吹尘枪、内饰毛巾、玻璃毛巾、细节

刷、皮革清洁刷、内饰枪等。

②耗材：柏油去除剂、虫尸去除剂、铁粉去除剂、洁朋泥、磨泥盘和磨泥布、遮蔽膜、美纹纸、羊毛盘、粗海绵盘、细海绵盘、2000#水砂纸、粗抛蜡、中抛蜡、细抛还原蜡等。

如图4-1-1~图4-1-3所示。

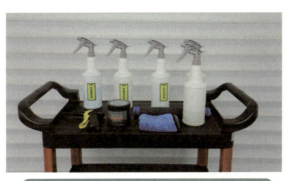

图4-1-1 部分清洁工具及耗材

图4-1-2 遮蔽材料

图4-1-3 部分抛光工具及耗材

（四）教学组织

1. 教学组织形式

每辆车安排四名学生参与实训，两名学生为一组，一组操作，另一组观察学习。

2. 学生站位分工和要求

两名学生为一组，按照A、B进行编号。

3. 实训教师职责

讲解操作步骤和注意事项；下达"操作开始"口令；工位间巡视、检查、指导和纠正错误。

4. 学生职责变换

两名学生实行职责变换制度，第二遍两名学生换位操作。

（五）操作步骤

1. 清洁作业

步骤一：抛光前清洗，如图 4-1-4~ 图 4-1-11 所示。需要把车辆彻底清洗干净，清洗后不需要喷洒驱水蜡。

图 4-1-4　抛光前清洗（1）

图 4-1-5　抛光前清洗（2）

图 4-1-6　抛光前清洗（3）

图 4-1-7　抛光前清洗（4）

图 4-1-8　抛光前清洗（5）

图 4-1-9　抛光前清洗（6）

图 4-1-10　抛光前清洗（7）

图 4-1-11　抛光前清洗（8）

步骤二：检查车漆表面问题，如图 4-1-12 所示。

步骤三：柏油、不干胶可使用柏油清洁剂喷洒表面，用带胶皮手套的手轻轻搓洗，直至痕迹消除，用弱水冲洗，如图 4-1-13~ 图 4-1-15 所示。

图 4-1-12　车漆表面检查

图 4-1-13　清除柏油、不干胶（1）

图 4-1-14　清除柏油、不干胶（2）

图 4-1-15　清除柏油、不干胶（3）

步骤四：虫尸和树胶可使用虫尸清洁剂喷洒表面，用戴胶皮手套的手轻轻搓洗，直至痕迹消除，用弱水冲洗，如图 4-1-16 和图 4-1-17 所示。

图 4-1-16　清除虫尸（1）

图 4-1-17　清除虫尸（2）

步骤五：车辆上的铁粉和铁锈痕迹可使用洁朋泥、磨泥盘和磨泥布配合铁粉去除剂进行处理，要求用手摸上去光滑无异物感，如图 4-1-18~ 图 4-1-20 所示。

步骤六： 车辆清洗结果检查，如图 4-1-21 所示。

图 4-1-18　铁锈去除（1）

图 4-1-19　铁锈去除（2）

图 4-1-20　铁锈去除（3）

图 4-1-21　汽车清洗检查

2. 遮蔽作业

步骤七： 首先使用遮蔽膜遮蔽车窗，利用遮蔽膜上的美纹纸沿车窗胶条与车漆连接处认真贴装，然后用美纹纸把遮蔽膜中间连接到一起，如图 4-1-22 和图 4-1-23 所示。

图 4-1-22　前风挡遮蔽（1）

图 4-1-23　前风挡遮蔽（2）

步骤八： 利用美纹纸对前大灯、车牌、前脸、车灯、车标及装饰条进行遮蔽，要求遮蔽无遗漏，如图 4-1-24 和图 4-1-25 所示。

步骤九： 对后视镜、门把手和车侧面装饰条用美纹纸进行遮蔽，要求遮蔽无遗漏。

步骤十： 对车辆后尾灯、装饰条、车牌等进行遮蔽，要求遮蔽无遗漏。

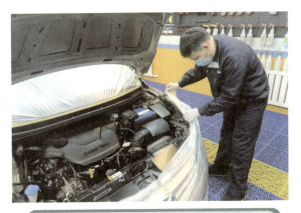
图 4-1-24 车灯、前脸遮蔽（1）

图 4-1-25 车灯、前脸遮蔽（2）

3. 抛光作业

漆面抛光的基本操作是使用震抛机、羊毛盘配合中抛蜡对漆面进行抛光，如图 4-1-26 所示。抛光开始时使用低速，至抛光蜡渐干变为粉末状时，提高转速控制在 1800 转/分左右；下压力度适中，抛光机移动速度稳定。

漆面抛光的顺序是：前机盖—前保险杠—左前翼子板—左前门—左后门—左后翼子板—后机盖—后保险杠—右后翼子板—右后门—右前门—右前翼子板—车顶。

注意：保险杠的底材是塑料，在保险杠的抛光操作中应多使用轻抛、慢抛的方法；筋线和边缘部位的抛光选择轻抛和点抛的方法；狭窄部位使用轻抛和翘抛的方法。

图 4-1-26 抛光作业

步骤十一：用抛光灯仔细检查漆面，找出未能去除的重度氧化层区域，使用直抛机、长羊毛盘配合粗蜡进行去除，直至缺陷消除，如图 4-1-27~ 图 4-1-30 所示。

图 4-1-27 漆面检查

图 4-1-28 直抛机抛光（1）

图 4-1-29 直抛机抛光（2）

图 4-1-30 直抛机抛光（3）

步骤十二：漆面还原，如图 4-1-31~图 4-1-33 所示。使用震抛机、海绵盘配合细蜡对漆面进行漆面还原操作。将细蜡倒在漆面或还原盘上少许，始终保持抛光盘与漆面相切，慢速启动震抛机，至还原蜡渐干变为粉末状时，提高转速控制在 1000~1400 转 / 分，以不超过 1400 转 / 分为宜；下压力度略轻，以震抛机自身重量即可，震抛机移动速度保持稳定。

图 4-1-31 漆面还原（1）

图 4-1-32 漆面还原（2）

图 4-1-33 漆面还原（3）

步骤十三：漆面清洗，如图 4-1-34~图 4-1-38 所示。撤掉车身遮蔽防护，按照精洗要求对车辆进行仔细清洗，确保缝隙中无抛光蜡残留。

图 4-1-34 撤掉遮蔽

图 4-1-35 清洗车身（1）

图 4-1-36　清洗车身（2）

图 4-1-37　清洗车身（3）

图 4-1-38　清洗车身（4）

五、拓展提升

抛光的利弊

抛光虽然会让车漆变薄，但并不是因此就完全不能给车漆抛光了，少量的抛光是车漆能够承受的。抛光是汽车漆面护理的一种方法，用来去除受氧化的漆面和车身上的各种异物，消除漆面细微划痕，处理汽车漆面轻微损伤及各种斑迹。一辆使用三四年的汽车，经过风吹雨打日晒后，车漆难免暗淡无光，经过抛光汽车迅速焕然一新，看起来跟新车一样光鲜照人。但是对车漆频繁进行抛光研磨，自然会让车漆越抛越薄，甚至出现抛穿的现象。

请查找资料或者网络，寻找车漆表面抛穿的照片，上传至班级微信群或资料库。

六、思考与练习

（一）选择题

下列哪种方法不属于汽车常用的抛光方法？（　　　）

A. 点抛　　　　　B. 平抛　　　　　C. 面抛　　　　　D. 慢抛

（二）判断题

用抛光机作业是为了把漆面均匀地进行研磨，为此，需要想办法增加抛光压力。（　　）

（三）简答题

1. 简述抛光的原理。
2. 简述抛光的注意事项。

任务二　漆面上蜡

一、任务引入

汽车在使用的过程中，风吹日晒和风沙的打磨，都会对车漆造成一定程度的损伤，甚至是一小块鸟粪，如果长时间不清洗，也能腐蚀车漆。在城市里，含酸量较多的雨和雾能使汽车的漆膜褪色，甚至剥落，从而引起车面的腐蚀。有什么好的办法能保护漆面呢？定期打蜡或者镀晶都是不错的选择。

一天，汽车美容工小明接到了一个车主的问询：自己的爱车虽然经常清洗，但是时间久了以后车的颜色变浅了，漆面光泽也没有原来的好了。小明给出的解决方法是漆面定期上蜡。小明该如何给漆面上蜡呢？

二、任务目标

①能正确说出车蜡的种类；

②能正确说出车蜡的作用；

③能正确使用漆面上蜡的各种设备、工具及耗材；

④能双人合作或单人操作，在规定时间内完成汽车漆面上蜡作业；

⑤能和客户进行沟通，讲解汽车漆面上蜡的流程及作业方案；

⑥体会不同打蜡方法作业后的效果，建立主动研究的工作习惯。

三、任务准备

学习资源准备

汽车美容实操工具、美容产品、开放美容设备间、工作页、工作防护用品、配套电子学习资源等。

相关知识准备

汽车漆面上蜡是通过上蜡海绵手工在车漆表面涂上一层蜡质保护层,并将车蜡抛出光泽的护理作业,它是汽车美容中最为基本的护理性美容。

(一)什么是车蜡

车蜡是一种涂抹在车漆表面,用来保护漆面,同时又起到美观作用的化学材料。它的主要成分是聚乙烯乳液或硅酮类高分子化合物,并含有油脂和添加剂成分。由于车蜡中富含的添加成分不同,在物质形态、性能上有所区别,进而划分为不同的种类。

(二)车蜡的种类

车蜡的分类方法较多,下面介绍两种主要的分类方法。

①按其物理状态的不同,可分为固体蜡和液体蜡两种。

②按其功能不同,可分为上光保护蜡和抛光研磨蜡两种。上光保护蜡的主要添加成分为蜂蜡、松花油、棕榈油等,其外观多为白色或乳白色,主要用于汽车漆面的光保护。抛光研磨蜡的主要添加成分为地蜡、硅藻土、氧化铝、矿物油及乳化剂等,颜色为浅灰色、灰色、乳黄色多种,主要用于汽车漆面划痕处理及漆膜的磨平作业,以清除划痕、橘纹及填平细小针孔等。

(三)车蜡的作用

1. 防水作用

汽车经常暴露在空气中,免不了风吹雨淋,当水滴存留在车身表面时,在强阳光照射下,每个小水滴就是一个凸透镜,在它的聚焦作用下,焦点处温度可达800℃,造成漆面暗斑,极大地影响了漆面的质量及使用寿命。另外,水滴易使暴露金属表面产生锈蚀。

2. 抗高温作用

车蜡抗高温作用的原理是:对来自不同方向的入射光产生有效反射,防止入射光使面漆或底漆老化变色。

3. 防静电作用

汽车静电的产生主要有两个来源：一个是纤维织物，如地毯、座椅、衣物等的摩擦；另一个是由于汽车在行驶过程中，空气中的尘埃与车身金属表面相互摩擦。

4. 防紫外线作用

车蜡防紫外线作用与它的抗高温作用是并行的；只不过在日光中，由于紫外线的特性决定了紫外光较易于折射进入漆面，防紫外线车蜡充分考虑了紫外线的特性，使其对车表的侵害得以最大限度的降低。

5. 上光作用

上光是车蜡的最基本的作用，经过打蜡的车辆，都能改善其表面的光亮程度，使车身恢复亮丽本色。

6. 研磨抛光作用

当漆面出现划痕时，可使用抛光研磨蜡。如果划痕不严重，抛光和打蜡作业可一次完成。

（四）打蜡的方法

1. 手工打蜡

手工打蜡时要按照一定的顺序。首先将少量的车蜡挤在专用打蜡海绵上，保证每次处理面积一定，以画小圆圈的方式涂蜡，不可大面积涂抹。打蜡时手的用力要均匀，不必使劲擦。用大拇指和小拇指夹住海绵，用手掌和其余三个手指按住海绵均匀地以环形方式涂抹。圆圈的轨迹沿车身前后移动，蜡膜尽量做到薄而均匀，每道涂抹应与上道涂抹区域有 1/5~1/4 的重叠，避免漏涂。手工打蜡便于掌握均匀度，不会出现一圈圈的痕迹，但耗时较长。

2. 机器打蜡

机器打蜡就是用打蜡机将蜡涂抹到漆面的施工。将车蜡涂抹在打蜡机海绵上，涂抹方式与手工打蜡相似，打蜡机速度控制在 150~300 转 / 分。机器打蜡时间短、效率高，可快速将车蜡在车身上涂匀，但对操作技术要求较高，若操作不当，车身表面易出现圈痕。

四、任务实施

（一）技术标准与要求

①穿工作服，戴胶皮手套，做好自身清洁与保护；

②单人施工，严格按照流程操作；
③施工完成后要求车身表面光亮，无蜡迹残留。

（二）实训时间

30分钟。

（三）实训设备、工具及耗材

①设备和工具：上蜡海绵、下蜡毛巾等，如图4-2-1所示。
②耗材：棕榈蜡等，如图4-2-1所示。

图4-2-1 部分工具及耗材

（四）教学组织

1. 教学组织形式

每辆车安排四名学生参与实训，两名学生为一组，一组操作，另一组观察学习。

2. 学生站位分工和要求

两名学生为一组，按照A、B进行编号。

3. 实训教师职责

讲解操作步骤和注意事项；下达"操作开始"口令；工位间巡视、检查、指导和纠正错误。

4. 学生职责变换

两名学生实行职责变换制度，第二遍两名学生换位操作。

（五）操作步骤

1. 手工打蜡

步骤一：清洗车辆，然后遮蔽车辆，如图 4-2-2~图 4-2-8 所示。待车身完全干燥后才能上蜡。

图 4-2-2 清洗车辆（1）

图 4-2-3 清洗车辆（2）

图 4-2-4 清洗车辆（3）

图 4-2-5 清洗车辆（4）

图 4-2-6 清洗车辆（5）

图 4-2-7 清洗车辆（6）

图 4-2-8 车辆遮蔽

步骤二：漆面上蜡，如图 4-2-9~ 图 4-2-11 所示。

上蜡注意事项：上蜡时一定要找一个清洁阴凉的场地，最好在室内。

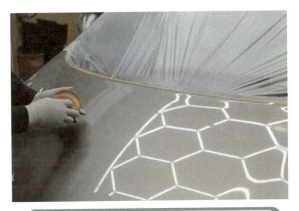
图 4-2-9　漆面上蜡（1）

图 4-2-10　漆面上蜡（2）

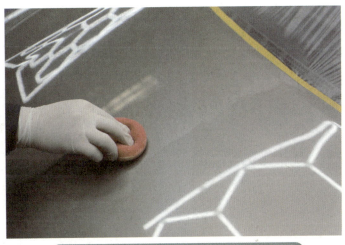
图 4-2-11　漆面上蜡（3）

步骤三：下蜡抛光，如图 4-2-12 和图 4-2-13 所示。

图 4-2-12　下蜡抛光（1）

图 4-2-13　下蜡抛光（2）

2. 机器打蜡

步骤一：清洗车辆，然后遮蔽车辆，参见图 4-2-2~ 图 4-2-8 的操作流程。待车身完全干燥后才能上蜡。

步骤二： 漆面上蜡，如图 4-2-14~图 4-2-16 所示。上蜡顺序：打蜡时应遵循先上后下的原则，即涂抹车顶—前后机盖—车身侧面。

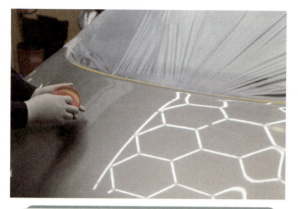

图 4-2-14　漆面上蜡（1）

图 4-2-15　漆面上蜡（2）

步骤三： 下蜡抛光，如图 4-2-17 所示。

图 4-2-16　漆面上蜡（3）

图 4-2-17　下蜡抛光

步骤四： 下蜡：可以使用两条毛巾的方法，先使用一条微湿润的毛巾，然后使用干毛巾，擦拭过程无须等待。

步骤五： 清除残留蜡迹，如图 4-2-18 和图 4-2-19 所示。

图 4-2-18　清除残留蜡迹（1）

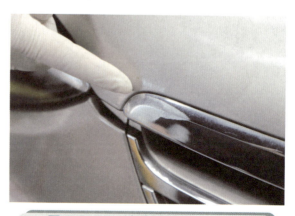

图 4-2-19　清除残留蜡迹（2）

五、拓展提升

打蜡频率

从理论上来说，汽车打蜡的时间间隔，是根据车蜡层在漆面保持的时间长短来定的，而这个时间又取决于车蜡性能的好坏。市面上的各种车蜡，无论是高中低档，都没有具体的车蜡保持时间表，从效果来看，其实都是差不多的。所以，当车蜡层消失的时候就应该及时进行打蜡。每洗车一次都会不同程度地掉蜡，一般情况下，洗车两到三次后，蜡层就完全没有了。

请随机查找一种品牌的车蜡，查看其说明书，找出说明书中建议的打蜡频率，在小组内讨论或交流。

六、思考与练习

（一）填空题
1. 车蜡是一种涂抹在_____，用来保护漆面，同时又起到美观作用的化学材料。
2. 按物理状态的不同，车蜡可分为_____和_____两种。

（二）判断题
车蜡按其功能不同可分为上光保护蜡和美容蜡两种。　　　　　　　　　　（　　）

（三）简答题
1. 简述车蜡的作用。
2. 简述机器打蜡。

任务三　漆面镀晶

一、任务引入

保护漆面，定期打蜡或者镀晶都是不错的选择。镀晶是目前世界领先的汽车漆面养护技术，它可在车漆表面形成一层具备强大保护能力的晶体和紫外线过滤层，可提高漆面的镜面光泽度和硬度，同时还可防止刮痕，防止紫外线、酸雨、盐雾、沥青、飞漆、昆虫斑、鸟粪等有害物质对漆面的损害，犹如给车漆穿上了一件高科技"隐形车衣"，完全隔绝了灰尘、油污、霉菌、水分子等微粒对车漆的侵蚀，使漆面长期保持其原有光亮艳丽的色泽。

定期打蜡或者镀晶都是保护漆面的必要手段，镀晶的保护期可达到1~2年。接任务二的案例，车主说要对汽车进行镀晶处理。汽车美容工小明该如何给漆面镀晶呢？

二、任务目标

①能说出镀晶的作用；
②能说出镀晶与封釉的区别；
③能正确使用镀晶的各种设备、工具及耗材；
④能双人合作或单人操作，在规定时间内完成汽车漆面镀晶作业；
⑤能和客户进行沟通，讲解汽车漆面镀晶的流程及作业方案；
⑥尊重事实需求，科学选择镀晶产品，建立实事求是的工作态度。

三、任务准备

学习资源准备

汽车美容实操工具、美容产品、开放美容设备间、实训车辆、工作页、工作防护用品、配套电子学习资源等。

相关知识准备

汽车封釉改变了漆面上蜡一统天下的历史，汽车封釉后，能有效地防氧化、耐高温、防褪色、防酸碱等。虽然封釉能提高漆面硬度，有利于保护车漆，但是釉对漆面有一定的腐蚀性，还必须到专业店进行施工服务，效果也赶不上漆面镀晶，所以封釉慢慢地退出了历史舞台，镀晶逐渐流行起来。下面将重点介绍漆面镀晶。

（一）漆面镀晶的作用及特点

①硬度高：镀晶能在车漆表面形成坚固的保护层，令车漆不易被划伤。
②渗透力强：镀晶能非常容易地融入车漆，容易清洁干净车漆上的所有不容易清洁部位，令车漆光洁如新。
③附着力较强：镀晶的镀膜层非常坚固，很难被洗掉，因此能起到长期保护车漆的作用。

④防紫外线较强：一般的车蜡、封釉产品、镀膜产品在紫外线照射下，蜡的养分流失得比较快，使车漆很容易出现干燥和光泽度降低。而镀晶产品中特有的防紫外线成分，能持久保护车漆里的养分不易流失，使车漆持久鲜艳、明亮。

⑤增加车漆立体感：一般的蜡膜的光亮度和鲜艳度是无法和镀晶产品相比的。车漆使用一般的蜡膜，看上去只是比较光亮，而采用镀晶工艺后，不但能使车漆光亮、鲜艳，而且立体感明显，车漆看上去耀眼夺目。

⑥增加车漆疏水效果：镀晶可保护车漆疏水荷叶效应，具有超强的疏水性和耐候性（产品暴露在日光、冷热、风雨等气候条件下的耐久性），防紫外线、防酸雨、防油污和各类细菌侵蚀、不氧化、不褪色、防锈蚀和风蚀、防辐射、防静电、抗高温。

⑦易清洁和保养性：镀晶产品具有易清洗和保养性，各种灰尘和各类污物直接使用清水（不加任何清洁剂）冲洗后，车身表面就可恢复和保持晶莹透亮，即使车身表面粘有油污或飞虫浆液时，只需将湿毛巾直接擦拭就可轻松去除，同时节省洗车用水量50%以上。

（二）镀晶与封釉的区别

封釉的成分来自石油，用于车的漆面美容，其分子结构小于气孔，比较容易填充并渗透到车漆内表，通过专用的机器将釉压入车漆里，给车形成一层保护膜。

镀晶则是在车的表面形成一层保护晶体和紫外线过滤层，可以提高漆面的亮度和硬度，防划痕，也可以防止紫外线和其他有害物质。

与封釉相比，镀晶为何有如此大的功效呢？下面介绍一下镀晶与封釉的区别。

1. 原料选用不同

釉是从石油中提炼，加上一些辅助原料制成的，因受原料所限，容易氧化，不持久的问题无法解决。镀晶采用植物及硅等环保又稳定的原料来提炼合成，避免了在车漆表面造成"连带氧化"的问题，并可长期保持效果。

2. 养护理念不同

封釉的养护理念是将"釉"加压封入车漆的空隙中，与车漆结合到一起，优点是与车漆融为一体，增亮效果明显，不过因为它们本身的易氧化性，所以会连带周围的漆面共同氧化（漆面发污，失去光泽）。为避免这个缺陷，镀晶采取了两个措施：

①采用不氧化原料及稳定的合成方式（氟碳树脂）。

②变结合为"覆盖"：以透明的"膜"的形式附着在漆面，避免漆面受外界损伤。同时也避免了保护剂本身对车漆的影响，长期保持车漆的原厂色泽。由于膜本身结构紧密，很难破坏，使得它可以大幅度降低外力对漆面的损伤。

3. 操作工艺不同

原料及理念的差异，必然造成工艺上的区别：釉因为要与漆面充分结合，所以附着方式是用高转速的研磨机把药剂加压封入漆面（所以称封釉），但这种压力同时作用在漆面上会造成漆面损伤。镀膜采用了温和的涂抹及擦拭的附着方式，靠膜本身的分子结合力附着在漆面上，避免损伤车漆。

以上几种不同还造成了两种养护法对车身划痕的处理上有所区别：为了便于"釉"的附着，封釉作业对划痕以研磨为主，即用高转速震抛机把划痕磨平。镀膜作业以填充为主，即以手工配合海绵轮，将透明的填充剂填入划痕中，抹平即可。因而，在处理划痕时，后者大大降低了对漆面的损耗。

（三）汽车镀晶产品种类

镀晶产品主要是以玻璃纤维素、经特殊改性的含硅、氟聚合物等物质中的一种或几种组成，通过涂覆在油漆表面，将车漆与外界完全隔离。镀晶的厚度一般为10微米以下，镀晶的聚合物性质是稳定的，但高分子聚合物在空气中会老化，其长效性还需要接受时间考验。汽车镀晶产品依据所使用的材料不同大致可分为以下四类：树脂类镀晶、氟素类镀晶、玻璃纤维素镀晶、无机纳米镀晶等。

1. 树脂类镀晶产品

树脂类镀晶产品的特点是成膜性好、附着力强，因价格便宜而被广泛应用，但其硬度与光泽度不好，同时抗氧化性能、抗腐蚀性能及耐候性都很差，因此逐渐被淘汰。

2. 氟素类镀晶产品

氟素类镀晶产品成晶性好，耐腐蚀、耐候性、耐磨损的性能都非常优越，但其最大的缺点是附着力差，几乎所有物质都不与特氟龙涂晶黏合。因其无法与漆面长期附和，所以它的保护时间就变得非常短。

3. 玻璃纤维素镀晶

玻璃纤维素是一种化学高分子材料，因为其具有高密度的化学特性，所以被应用在汽车美容领域。此类产品的主要成分是聚硅氧烷，成膜后会形成SiO_2，俗称玻璃，因此也称玻璃质镀晶。玻璃纤维素镀晶具有光泽度高、抗氧化、耐酸碱、抗紫外线的特点，用来给汽车镀晶后，漆面光泽度很好，并把漆面与外界隔绝开来，起到了较好的保护作用。其缺点是：不能提高漆面硬度，不能抵御物理性损伤漆面，原材料成本高昂，同时施工工艺相对复杂。

4. 无机纳米镀晶

无机纳米镀晶是近几年出现的镀晶新材料，它采用进口原料和先进的纳米交联反应新技术，由纳米无机材料配制而成，纳米材料独有的特性能给车漆提供完美的保护。其主要成分为纳米氧化铝、纳米氧化硅。纳米级别的粒子为球形，润滑性极高，因此施工后漆面手感极其润滑。氧化铝、氧化硅是天然宝石、水晶的主要成分，因此晶层的硬度较高，而且本身非常稳定，不易氧化，能长期保持漆面的镜面效果，因此也被称为"液体水晶"。该镀晶最大的特点是不但能隔绝漆面与外界的直接接触，起到防氧化、防水、防高温、防紫外线、防静电、防酸碱等基本作用，还能大大提升漆面的硬度和光泽度。

四、任务实施

在发动机舱盖上进行镀晶作业，按规定流程和作业标准完成。

（一）技术标准与要求

①穿工作服，戴胶皮手套，做好自身清洁与保护；
②单人施工，严格按照流程操作；
③镀晶作业完成后，要求车漆表面达到镜面和硬度的标准。

（二）实训时间

30 分钟。

（三）实训设备、工具及耗材

镀晶产品、脱脂剂、脱脂海绵、镀晶海绵、抛光毛巾等，如图 4-3-1 所示。

图 4-3-1　部分工具及耗材

（四）教学组织

1. 教学组织形式

每辆车安排两名学生参与实训，一名学生操作，另一名学生观察学习。

2. 实训教师职责

讲解操作步骤和注意事项；下达"操作开始"口令；工位间巡视、检查、指导和纠正错误。

3. 学生职责变换

两名学生实行职责变换制度，第二遍两名学生换位操作。

（五）操作步骤

步骤一：漆面脱脂，如图4-3-2和图4-3-3所示。将适量脱脂剂滴到脱脂海绵上，放在漆面上以横竖交替的方式均匀涂抹，每道涂抹相应与上道涂抹区域有至少1/2的重叠。注意：平面脱脂采用先纵向、再横向的涂抹方式；立面脱脂采用先横向、再纵向的涂抹方式。

图4-3-2 漆面脱脂（1）

图4-3-3 漆面脱脂（2）

步骤二：漆面镀晶，如图4-3-4和图4-3-5所示。漆面脱脂工序完成后无须擦拭，20分钟后开始漆面镀晶操作。将适量镀晶液滴到专用镀晶海绵上，放在漆面上以横竖交替的方式均匀涂抹，涂层要做到薄厚均匀，每道涂抹相应与上道涂抹区域要有至少1/2的重叠。注意：平面镀晶采用先纵向、再横向的涂抹方式；立面镀晶采用先横向、再纵向的涂抹方式。

图4-3-4 漆面镀晶（1）

图4-3-5 漆面镀晶（2）

步骤三：漆面下晶的顺序同漆面镀晶的顺序，要求将漆面完全擦亮，无任何痕迹残留，如图 4-3-6 和图 4-3-7 所示。

图 4-3-6　漆面下晶（1）

图 4-3-7　漆面下晶（2）

步骤四：完工检查，如图 4-3-8 所示。

图 4-3-8　完工检查

五、拓展提升

新车是否需要镀晶？

很多人觉得镀晶的时候需要抛光，刚提的新车就掉一层漆很不划算，其实不然。新车车漆表面没有伤痕，所以我们不需要进行抛光处理，只需要进行还原，这样能最大限度地保护原车厂漆的厚度，所以镀晶几乎是没有什么危害的。汽车漆面布满肉眼看不到的"毛孔"，灰尘、铁粉、酸雨渗透进去的话，就会引发铁锈、水痕纹、腐蚀，而这些"皮肤病"是单纯的洗车、打蜡无法解决的。镀晶就像是汽车外表一套隐性的铠甲，要想伤害车漆，须先过了镀晶这一关。镀晶在车漆表面形成一层结晶体，好的镀晶可以防划伤、防紫外线、防高温。

六、思考与练习

（一）填空题

1. 镀晶_____，能在车漆形成坚固的保护层，令车漆不易被划伤。

2. _____是在总结了打蜡及封釉的优点及不足后，以新的环保原料和新的车漆养护理念创造的车漆养护换代工艺。

（二）判断题

镀膜采用了温和的涂抹及擦拭的附着方式，靠膜本身的分子结合力附着在漆面上，避免损伤车漆。（　　）

（三）简答题

1. 镀晶的特性及镀晶与封釉的区别。
2. 汽车镀晶产品种类。

项目五

车身附属件美容

项目描述

车身附属件占车表的面积不大,但部件多且作用大,常见的有风挡玻璃、侧窗玻璃、后视镜、前后保险杠、装饰板、装饰亮条、轮罩、密封条等。这些附属件对提高汽车装饰性与美观性,以及突显汽车的个性,有着重要的作用,因此对这些附属件进行专业的美容护理作业是非常必要的。

附属件美容主要包括玻璃的清洁及防雾防水处理、玻璃抛光镀膜处理、橡胶件如装饰板的清洁护理、保险杠及装饰镀铬条的清洁与护理、车轮的清洁与护理等作业项目。对这些部件进行针对性的清洁、护理、抛光作业是非常有必要的:其一,能确保行车安全,并给驾乘人员美的享受;其二,可以提升车表装饰效果,并延长附属件的使用寿命。

任务一 玻璃美容

一、任务引入

汽车玻璃犹如汽车的窗口,它在整个汽车安全上也扮演了一个重要的角色,这是驾驶员最容易感受到的。因此经常清洁玻璃会有很多的好处:可以使车窗更加明亮;能够给驾驶员带来安全的行车保障；冬天可以防止由于温差原因在玻璃上结冰霜，夏天减少玻璃上的虫胶、虫尸等。汽车玻璃美容包括汽车玻璃清洁、汽车玻璃防雾化处理和汽车玻璃抛光镀膜处理。

刘先生的汽车已经行驶了70000公里，最近在夜间行驶时，发现前风挡玻璃的视线不好。经过专业的咨询他了解到：由于玻璃氧化且长时间不做玻璃清洁，致使前风挡玻璃的透光率下降，从而导致视线不好。于是刘先生将车开到汽车美容店，准备进行玻璃的清洁和护理。作为汽车美容工的小明该怎么做？

二、任务目标

①能正确说出汽车玻璃的种类；
②能正确使用汽车玻璃美容的各种设备、工具及耗材；
③能双人合作或单人操作，在规定时间内完成汽车玻璃美容作业；
④能和客户进行沟通，讲解玻璃美容的流程及作业方案；
⑤体会工作过程，建立认真仔细的工作态度。

三、任务准备

学习资源准备

汽车美容实操工具、美容产品、实训车辆、工作页、工作防护用品、配套电子学习资源等。

相关知识准备

（一）玻璃的概念

玻璃是将各种原料熔融、冷却、固化的非结晶（特定条件下也可以结晶）的无机非金属材料。

（二）玻璃的组成

玻璃由各种氧化物的原料，加入辅助原料（以使玻璃获得某些必要的性质和加速熔制过程的原料）制成。

（三）玻璃的性能特点

①力学性能：玻璃有较好的抗压强度和较高的硬度，抗弯和抗拉强度不高。
②热稳定性：指温度突然改变时玻璃抵抗破裂的能力。玻璃的膨胀系数越小，热稳定性越高。

③透光性。

④耐蚀性。

(四) 汽车玻璃的种类

汽车玻璃是汽车车身附件中必不可少的,主要起到防护作用。

汽车玻璃主要有以下 3 类:

1. 夹层玻璃

夹层玻璃是由两层或两层以上的玻璃用一层或数层透明的黏结材料黏合而成的玻璃制品。

夹层玻璃的特性:

①高抗冲击强度:受冲击后,脆性的玻璃破碎,但由于它和有弹性的 PVB 相结合,使夹层玻璃具有高的抗穿透能力,所以仍能保持能见度。

②黏结力高:玻璃与 PVB 黏结力高,当玻璃破碎后,玻璃碎片仍然粘在 PVB 上不剥落,不伤人,具有安全性。

③耐光、耐热、耐湿、耐寒。

2. 钢化玻璃

钢化玻璃分物理钢化玻璃和化学钢化玻璃,我们通常所说的钢化玻璃均指物理钢化玻璃。

玻璃在加热炉内加热到接近软化温度,这时玻璃处于黏流态,保温一段时间,然后将此片玻璃迅速送入冷却装置,用低温高速气流对玻璃均匀淬冷,使玻璃内层产生张应力,外表面产生压应力,经过这样处理的玻璃制品就是钢化玻璃。

3. 区域钢化玻璃

玻璃在加热炉内加热到接近软化温度,然后将玻璃迅速送入不同冷却强度的风栅中,对玻璃进行不均匀冷却,使玻璃主视区与周边区产生不同的应力:周边区处于风栅的强风位置,进行全钢化,此位置碎片好、钢化强度高;主视区处于风栅弱冷位置,此位置碎片大、钢化强度低。用这种方法生产的玻璃就是区域钢化玻璃。

汽车玻璃按所在的位置分为前风挡玻璃、侧窗玻璃、后风挡玻璃和天窗玻璃四种。前风挡玻璃国家强制规定必须是夹层玻璃(一些低廉的农用车前风挡玻璃仍是钢化玻璃或区域钢化玻璃),侧窗玻璃是钢化玻璃,后风挡玻璃一般是带电加热丝的钢化玻璃。

(五) 玻璃在汽车上的应用

1. 汽车用玻璃的性能要求

汽车用玻璃要具有透明性、耐候性、机械强度、安全性、(钢化玻璃)力学性能、耐热性、使用持久性。

2. 汽车用玻璃的类型

汽车用玻璃有板型玻璃、钢化玻璃、区域钢化玻璃、夹层玻璃几种。夹层玻璃的安全性比区域钢化玻璃又提高了一步。

3. 汽车用玻璃的发展趋势

汽车用玻璃在朝着天线夹层玻璃、调光夹层玻璃（透射率和散射度可调）、热线反射玻璃（喷镀或金属薄膜夹在玻璃中间）、除霜玻璃等方向发展。

四、任务实施

（一）技术标准与要求

①穿工作服，戴胶皮手套，做好自身清洁与保护；
②单人施工，严格按照流程操作；
③施工完成后要求玻璃表面无污物，视线良好。

（二）实训时间

30分钟。

（三）实训设备、工具及耗材

车表清洗相关设备工具和耗材；玻璃清洁剂、玻璃防雾剂、玻璃防水剂、清洗海绵或玻璃清洁布等，如图5-1-1所示。

图 5-1-1　部分工具及耗材

（四）教学组织

1. 教学组织形式

每辆车安排两名学生参与实训，一名学生操作，另一名学生观察学习。

2. 实训教师职责

讲解操作步骤和注意事项；下达"操作开始"口令；工位间巡视、检查、指导和纠正错误。

3. 学生职责变换

两名学生实行职责变换制度，第二遍两名学生换位操作。

（五）操作步骤

1. 全车清洗／玻璃清洁

步骤一：按照车表清洗流程进行全车清洗，保证玻璃上无沙粒、尘土等污物，也可以只清洁玻璃，如图 5-1-2~ 图 5-1-7 所示。

图 5-1-2　清洗车身（1）

图 5-1-3　清洗车身（2）

图 5-1-4　清洗车身（3）

图 5-1-5　清洗车身（4）

图 5-1-6　清洗车身（5）

图 5-1-7　清洗车身（6）

步骤二：玻璃清洁，如图 5-1-8 所示。用海绵或者玻璃清洁布蘸上玻璃清洁剂，均匀地擦拭玻璃的内外表面，静置一段时间，再用干净的玻璃清洁布去除表面尘污。

步骤三：清洁前风挡玻璃，如图 5-1-9 和图 5-1-10 所示。清洗前风挡玻璃后，将玻璃抛光剂涂满整个玻璃，稍等片刻，再用干净的玻璃清洁布进行擦拭，直到将玻璃擦亮。注意：擦拭时不要有遗漏。

图 5-1-8　玻璃清洁

图 5-1-9　清洁前风挡玻璃（1）

图 5-1-10　清洁前风挡玻璃（2）

图 5-1-11　清洁后风挡玻璃

步骤四：清洁后风挡玻璃，如图 5-1-11 所示。后风挡玻璃内侧因有防雾除霜加热丝，所以不能用风挡玻璃抛光剂处理，只做玻璃清洁即可。

步骤五：维护检查，如图 5-1-12~图 5-1-16 所示。重点检查喷水器工作情况，观察喷水时的水流形状及喷射力情况；观察雨刮条与玻璃面的贴合情况及雨水印迹，若存在问题应及时修理或更换；检查刮水器储水箱储水情况，如缺少及时补充。

图 5-1-12 喷水检查

图 5-1-13 喷水孔调整

图 5-1-14 雨刮器检查

图 5-1-15 雨刮器贴合检查

图 5-1-16 玻璃清洗液检查

2. 汽车玻璃防水防雾处理

步骤一： 全车清洗 / 玻璃清洁，参见图 5-1-2～图 5-1-11 的操作流程。

步骤二： 准备玻璃防水剂，如图 5-1-17 所示。将玻璃防水剂左右晃动，摇匀液体。

步骤三： 喷洒玻璃防水剂，如图 5-1-18 所示。将玻璃防水剂均匀地喷洒在玻璃表面。

图 5-1-17　准备玻璃防水剂

图 5-1-18　喷洒玻璃防水剂

步骤四：毛巾擦拭，如图 5-1-19 所示。静置一段时间后，用干净的玻璃清洁布擦拭玻璃表面，即完成全部防水处理作业。

步骤五：防雾处理，如图 5-1-20~图 5-1-22 所示。将玻璃内侧表面做清洁处理；将玻璃防雾剂摇匀后，喷于玻璃内表面，静置一段时间后，用玻璃清洁毛巾轻轻擦拭干净。

图 5-1-19　毛巾擦拭

图 5-1-20　防雾处理（1）

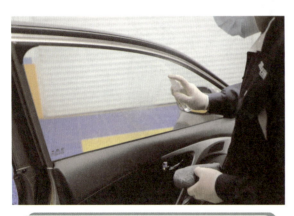
图 5-1-21　防雾处理（2）

图 5-1-22　防雾处理（3）

3. 汽车玻璃镀膜

步骤一：全车清洗／玻璃清洁，参见图 5-1-2~图 5-1-11 的操作流程。

步骤二：遮蔽，如图 5-1-23~图 5-1-26 所示。为了避免在作业过程中对车漆产生伤害，对于要镀膜的玻璃周边做好遮蔽防护。

图 5-1-23　车辆遮蔽（1）

图 5-1-24　车辆遮蔽（2）

图 5-1-25　车辆遮蔽（3）

图 5-1-26　车辆遮蔽（4）

步骤三：抛光处理。经过上面几道工序处理，玻璃已经洁净了，为了去除玻璃本身长时间使用留下的不平整，以利于其后的镀膜、贴膜效果，故需要进行打底处理。应准备的耗材是玻璃专用研磨剂，工具是抛光机及喷雾器。具体步骤是：

①先将少许玻璃专用研磨剂涂在抛光机底板表面上，如图 5-1-27 所示。

②用喷雾器在玻璃的表面喷洒一层薄水雾，然后将抛光辊放在玻璃上开始研磨，如图 5-1-28~图 5-1-31 所示。

注意：研磨时应使研磨剂均匀涂抹在一定区域的面积上，逐步将每个细分区域打磨完，抛光辊应按横—纵—横的方式不停地打磨，并适时用喷雾器在玻璃面上喷洒一层水雾，避免干磨。

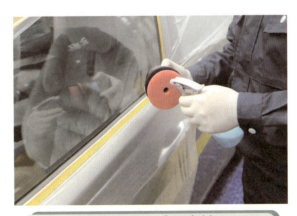

图 5-1-27　涂研磨剂

图 5-1-28 喷水 (1)

图 5-1-29 喷水 (2)

图 5-1-30 研磨 (1)

图 5-1-31 研磨 (2)

步骤四：抛光作业完成后，用干净的湿毛巾将研磨剂全部擦拭干净，如图 5-1-32 所示。并用大量清水结合玻璃清洁布擦干净，边框处可用气枪吹干。

步骤五：玻璃镀膜。

①基层镀膜，如图 5-1-33 和图 5-1-34 所示。第一道工序为涂布。方法是用干净的纯棉毛巾将块状海绵平整地包裹好，在涂布的工作面上滴入适量基层镀膜剂，先从玻璃左边开始上下往复直接涂布，再涂布玻璃右边。第一次涂布完成后，更换新的毛巾，进行第二次涂布，路线一样。

第二道工序为干燥。干燥时间需依据操作室温度而定。一般是在启动防霜器情况下，不达 10℃时需要干燥 15 分钟；10℃~30℃时干燥时间为 5 分钟。当在 30℃以上时，不需要防霜器，直接采用自然干燥，时间仅为 5 分钟。

图 5-1-32 擦拭

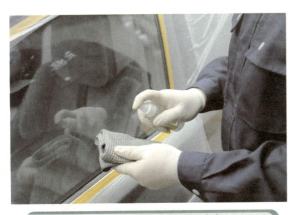

图 5-1-33 基层镀膜（1）　　　　图 5-1-34 基层镀膜（2）

②外层镀膜，如图 5-1-35 和图 5-1-36 所示。涂布的操作方法与基层镀膜基本相同，不同之处是采用外层镀膜剂，将 A 与 B 两种镀膜剂等量喷涂于新换的毛巾上，然后进行涂布。外层镀膜涂布完成后，应静置 2~3 分钟，使其自然干燥；若温度较低、湿度较重，可以采用电吹风对其进行干燥。干燥完成后，使用湿毛巾对外层镀膜进行擦拭，确保镀膜面的清洁。

图 5-1-35 外层镀膜（1）　　　　图 5-1-36 外层镀膜（2）

步骤六：喷水检查，如图 5-1-37 所示。镀膜作业全程完成后，可对镀膜效果进行检测，一般通过喷水方式来检测。以较低水压喷洒在玻璃上，如果玻璃表面泼水性良好，且玻璃上附着的水分呈水珠状，说明镀膜效果良好；反之，如果水分贴着玻璃流动，即存在亲水状部分，则说明此部分镀膜不佳，可将水擦拭干净，重新镀膜。

图 5-1-37 喷水检查

注意：贴有防爆太阳膜的玻璃，不建议使用玻璃清洁剂或者抛光处理，否则不但不能清洁玻璃，反而会将膜面擦出划痕，影响采光效果。

4. 结束作业

将作业用设备、工具及耗材归位，清洁场地，做好收尾工作。

五、拓展提升

汽车玻璃标识图解

图 5-1-38 中：

①汽车的品牌。

②中国强制 3C 认证。

③汽车玻璃配套厂家的品牌，图中所示为福耀。

④汽车玻璃生产厂家编码，图中 E000137 代表的是福耀集团长春有限公司。

⑤图中的 E 代表欧盟的标志认证，4 代表荷兰。

⑥DOT 及后边的数字代表美国交通部 DOT 认证代码。

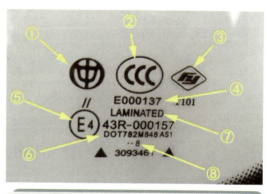

图 5-1-38 汽车玻璃标识

⑦LAMINATED 是玻璃的种类，意思是夹层玻璃。如果是 TEMPERED，就代表钢化玻璃。

⑧8 代表着该玻璃的生产日期，8 代表年份，表示是 2008 年生产，"··"代表的是月份，点在数字前就意味着是上半年，在后就是下半年，几个点就代表是向前或向后几个月，在前就用"7 减去点数"，在后就用"13 减去点数"。

图中的"··8"正确的意思是 2008 年 5 月生产。

问题：请随机查找一辆汽车的玻璃标志，读出玻璃的生产日期，在小组内或班级内进行交流。

六、思考与练习

（一）填空题

玻璃由_____的原料，加入辅助原料（以使玻璃获得某些必要的性质和加速熔制过程的原料）制成。

（二）判断题

汽车玻璃按所在的位置分为前风挡玻璃、侧窗玻璃、后风挡玻璃和后视镜玻璃四种。
（　　）

（三）简答题

简述汽车玻璃的性能特点。

任务二 塑料件美容

一、任务引入

刘先生的汽车在做完玻璃美容项目后发现车门内饰板（塑料件）发白，尤其是车门扣手位置更是白得明显。他询问得知，汽车的塑料件也需要做美容。

汽车美容工小明负责刘先生的这辆车，要进行塑料件美容。他该如何对刘先生的汽车进行塑料件美容呢？

二、任务目标

①能正确描述塑料的组成及类型；
②能正确使用汽车塑料件美容的各种设备、工具及耗材；
③能双人合作或单人操作，在规定时间内完成汽车塑料件美容作业；
④能和客户进行沟通，讲解塑料件美容的流程及作业方案；
⑤观察塑料件老化情况，建立工作责任意识。

三、任务准备

学习资源准备

汽车美容实操工具、美容产品、实训车辆、工作页、工作防护用品、配套电子学习资源等。

相关知识准备

（一）塑料的性能

塑料的优点是：质量轻、比强度高、化学稳定性好、绝缘性能好、特殊性能好、吸振和消声效能好。

塑料的缺点是：强度不如金属材料；耐温性能较低；导热性能比较差；热膨胀系数要比金属大3~10倍；在日光、大气、长期负荷或某些介质作用下，会发生"老化"现象。塑料的这些缺点或多或少地影响其应用范围。

（二）塑料的组成

塑料以合成树脂为基材，加入适量的添加剂，以增强其工艺性能与使用性能。其中合成树脂包括热固性树脂和热塑性树脂。添加剂又分为：

①填料和增强材料：用来增强塑料的强度，改善尺寸稳定性，降低成本；
②填充剂：用来改善塑料的自润性、耐热性、强度和防老化；
③增塑剂：用来提高塑料的可塑性、柔韧性，降低热变形温度；
④固化剂：用来使树脂在加工中硬化；
⑤稳定剂：用来增强塑料在热、光作用下的稳定性，抑制老化速度，提高抗氧化性能；
⑥润滑剂：用来防止对设备或磨具的黏附；
⑦抗静电剂：保护塑料的安全性，不易吸尘；
⑧阻燃剂：增加塑料的难燃性。

（三）塑料的分类

塑料按热性能和成型特点分类，可分为热塑性塑料和热固性塑料；按用途分类，可分为通用塑料和工程塑料。

①热塑性塑料：凡受热软化，冷却后硬化，此过程可多次及反复进行的塑料。
②热固性塑料：凡一次加热成型后，再不能通过加热使其软化、溶解的塑料。

（四）塑料在汽车上的应用

1. 汽车塑料件的性能要求

汽车塑料件要具有一定的抗拉强度、抗压强度、剪切强度和冲击强度，具有一定的耐热性，具有抗蠕变性，具有尺寸稳定性。

2. 塑料在汽车上的应用

（1）塑料在汽车结构件上的应用

在汽车结构件上，使用塑料，能提高耐腐蚀度、耐磨度、表面光滑度，并能达到减重效果。比如采用改性塑料并通过AIM工艺制备的发动机进气歧管，相比传统的铸铁、铝件有很多优点，如：与铸铁和铝相比，重量减少40%；内壁光滑，有利于提高进气充量；良好的抗化学性，有效提高其使用性能。

（2）塑料在汽车内饰件上的应用

在汽车内饰件上使用塑料，能降低成本，提高舒适性和安全性。由于塑料良好的包容性，部分品牌车门还会采用天然纤维和PP热压制作，实现有效减轻车门重量、降低成本和隔音。另外纤维还能大大提高内板强度，并在激烈碰撞中通过材料的自行粉碎吸能，保护车内乘员安全。

（3）塑料在汽车外饰件上的应用

在汽车外饰件上使用塑料，可减轻车重、降低维护成本并提高车身造型的自由度。一体成型的塑料尾门曾一度成为热潮，比如1982款雪铁龙BX，就在尾门上使用了BMC（不饱和聚酯团状模塑料）材料，此后1996款沃尔沃V70、2002款梅甘娜、2007年马款自达5、2011年标致508的旅行版、2014款DS6等都使用了塑料尾门。

四、任务实施

（一）技术标准与要求

①穿工作服，戴胶皮手套，做好自身清洁与保护；
②单人施工，严格按照流程操作；
③施工完成后要求塑料件无灰尘、无污垢，光泽亮丽。

（二）实训时间

30分钟。

（三）实训设备、工具及耗材

车表清洗的设备、工具及耗材，塑料件清洁剂、塑料件护理剂、塑料件翻新剂、细节刷等，如图5-2-1所示。

图5-2-1　部分工具及耗材

（四）教学组织

1. 教学组织形式

每辆车安排两名学生参与实训，一名学生操作，另一名学生观察学习。

2. 实训教师职责

讲解操作步骤和注意事项；下达"操作开始"口令；工位间巡视、检查、指导和纠正错误。

3. 学生职责变换

两名学生实行职责变换制度，第二遍两名学生换位操作。

（五）操作步骤

步骤一：按照车表清洗（普洗）的流程，对汽车进行清洗，塑料件清洗可以与车表清洗一同进行，如图 5-2-2~图 5-2-7 所示。

图 5-2-2　清洗车身（1）

图 5-2-3　清洗车身（2）

图 5-2-4　清洗车身（3）

图 5-2-5　清洗车身（4）

图 5-2-6　清洗车身（5）

图 5-2-7　清洗车身（6）

步骤二：精洗塑料件，如图 5-2-8~图 5-2-11 所示。将专用的塑料件清洁剂摇晃均匀后喷洒在塑料件上，用细节刷反复刷洗，将灰尘、油污去除。

图 5-2-8　摇匀塑料件清洁剂

图 5-2-9　喷洒塑料件清洁剂

图 5-2-10　细节刷刷洗

图 5-2-11　擦拭干净

步骤三：喷洒塑料件护理剂，如图 5-2-12 所示。将塑料件护理剂直接均匀地喷洒在清洁并干燥的塑料件上，即可达到护理美容的目的。

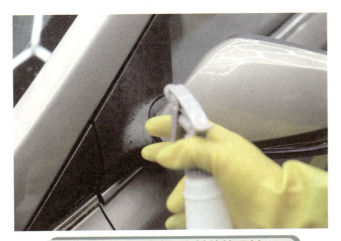

图 5-2-12　喷洒塑料件护理剂

步骤四：塑料件保护翻新。若护理处理后仍达不到较好的效果，可用塑料件翻新剂进行进一步的翻新。方法如下：

①使用前充分摇匀塑料件翻新剂；

②将塑料件翻新剂倒于柔软毛巾或海绵上，直接涂抹于需要涂抹的部位；

③有凸凹的部位要反复涂抹完全；

④将塑料件翻新剂薄薄地涂于塑胶件表层后，稍等3~5分钟，用柔软毛巾或擦洗毛巾抛光即可。

步骤五： 整理工位、结束作业。将作业用设备、工具及耗材归位，清洁场地，做好收尾工作。

五、拓展提升

为什么手机壳是塑料的，汽车的外壳大多是金属的呢？

塑料钣金无法全车普及的真正原因是什么？巴斯夫的化工专家就说了一个字：贵！

究其原因主要有两点：

第一就是欧洲保险行业的推进。在保险行业内，汽车保险杠、裙边等部位属于容易剐蹭受损的"事故件"，金属保险杠剐蹭后修复成本远高于塑料保险杠，塑料保险杠只要不破裂，其修复的难度和成本远低于金属件。虽说塑料件更贵，但是从保险角度出发，其长期的修复成本依然低于金属件。

第二就是从设计和工艺角度说，前后保险杠还有外后视镜等部位是整车型面最为复杂的部位，当今金属冲压工艺是无法搞定这种大幅度凹凸型面的。如果想换成金属件，车企的成本高，冲压施工难度也大，很难实现。

请查找资料，写出汽车车身上10个塑料件的名称。

六、思考与练习

（一）填空题

1. 塑料以_____为基材，加入适量的添加剂，以增强其工艺性能与使用性能。

2. 塑料在日光、大气、长期负荷或某些介质作用下，会发生_____现象。

（二）判断题

塑料的优点是质量轻、比强度高、化学稳定性好、绝缘性能差、特殊性能好、吸振和消声效能好。（　　）

（三）简答题

塑料的分类。

项目五 车身附属件美容

任务三 橡胶件美容

一、任务引入

橡胶件在汽车上的应用主要是轮胎、车窗及车门密封条、雨刮条等，特别是在轮胎上应用最为常见。轮胎上经常附着泥水、尘土、油脂和沥青等污物，不仅影响美观，同时也会对轮胎起腐蚀作用，使轮胎过早老化，甚至龟裂。因此，对轮胎的护理美容，既可提高汽车的美观性，更重要的是提高了汽车的安全性。

今天店里来了一辆需要美容的汽车，车主特意交代了要对汽车的轮胎好好做个美容保养。小明作为汽车美容工，该如何对客户的汽车轮胎做好美容保养呢？

二、任务目标

①能正确说出橡胶的性能及分类；
②能正确说出橡胶制品的组成；
③能够说出轮胎清洗的流程和注意事项；
④能正确使用汽车橡胶件美容的各种设备、工具及耗材；
⑤能在规定时间内完成汽车橡胶件美容作业；
⑥观察橡胶件老化损伤情况，建立工作责任意识。

三、任务准备

学习资源准备

汽车美容实操工具、美容产品、实训车辆、工作页、工作防护用品、配套电子学习资源等。

相关知识准备

（一）橡胶的性能及分类

1. 橡胶的性能

橡胶的弹性高，有一定的可塑性，具有黏着性、耐热性、耐候性、耐油性，具有较好的耐透气性、耐透水性、绝缘性、耐碱性、耐磨性、耐寒性等。

2. 橡胶的分类

橡胶按来源不同可分为天然橡胶和合成橡胶（如丁苯橡胶、氯丁橡胶、丁腈橡胶）；按用途可分为通用橡胶和特种橡胶（如乙丙橡胶、硅橡胶、氟橡胶）。

（1）天然橡胶

天然橡胶是由人工栽培的三叶橡胶分泌的乳汁，经凝固、加工而制得的，其主要成分为聚异戊二烯，含量在90%以上，此外还有少量的蛋白质、油脂及酸、糖分及灰分。天然橡胶有很好的弹性和较高的强度，且耐曲挠性好，但抗老化性差，不耐臭氧、不耐油。

（2）合成橡胶

合成橡胶又叫人造橡胶，是由某些低分子化合物单位作原料，经过反复的化学反应合成的具有天然橡胶特性的高分子聚合物。

①丁苯橡胶：丁苯橡胶是丁二烯和苯乙烯的共聚物，其外观为黄色，有苯乙烯气味，其弹性、耐磨性、抗老化性均超过天然橡胶，但耐寒性、耐热性、耐曲挠性和可塑性较差。丁苯橡胶与天然橡胶共混，可以互相取长补短，使用更加广泛。丁苯橡胶的消耗量占合成橡胶总消耗量的80%，主要用于制造各种轮胎、胶带、胶管等。

②顺丁橡胶：顺丁橡胶是丁二烯经溶液聚合制成的。顺丁橡胶具有特别优异的耐寒性、耐磨性和弹性，还具有较好的抗老化性能。顺丁橡胶绝大部分用于生产轮胎，少部分用于制造耐寒制品、缓冲材料以及胶带、胶鞋等。顺丁橡胶的缺点是抗撕裂性能较差，抗湿滑性能不好。

③异戊橡胶：异戊橡胶是聚异戊二烯橡胶的简称，采用溶液聚合法生产。异戊橡胶与天然橡胶一样，具有良好的弹性和耐磨性，具有优良的耐热性和较好的化学稳定性。异戊橡胶生胶（未加工前）强度显著低于天然橡胶，但质量均性、加工性能等优于天然橡胶。异戊橡胶可以代替天然橡胶制造载重轮胎和越野轮胎，还可以用于生产各种橡胶制品。

④乙丙橡胶：乙丙橡胶以乙烯和丙烯为主要原料合成，耐老化、电绝缘性能和耐臭氧性能突出。乙丙橡胶可大量充油和填充炭黑，制品价格较低。乙丙橡胶化学稳定性好，耐磨性、弹性、耐油性和丁苯橡胶接近。乙丙橡胶的用途十分广泛，可制作轮胎胎侧、胶条和内胎以及汽车的零部件。

⑤氯丁橡胶：氯丁橡胶是氯丁二烯的聚合物，其外观为黄色或琥珀色，力学性能与天然橡胶相似，耐老化性能好，耐热、耐油、耐化学腐蚀性比天然橡胶好。氯丁橡胶具有良好的不易燃性，因为其一旦燃烧会放出氯化氢气体而阻止燃烧。氯丁橡胶的主要缺点是比重大，耐寒性差，受阳光曝晒容易变色，电绝缘性也差。氯丁橡胶多用于制造胶管、胶带、门窗嵌条、内胎等。

（二）橡胶制品的组成

橡胶制品是以生胶为基础，并加放适量的配合剂和增强材料组成高弹性状态的高分子材料。

①生胶：未加配合剂的天然或合成橡胶称为生胶。

②配合剂：加入配合剂的目的是提高橡胶制品的使用性能和工艺性能。其中，硫合剂和硫化促进剂使具有极大可塑性的胶料变为富有弹性的硫化胶；增塑剂用以增强橡胶的塑性，使之易于加工和与配料配合；防老化剂用以防止橡胶老化，提高使用寿命；填充剂用以提高橡胶的强度和降低成本。

③增强材料：主要用以提高橡胶的力学性能，如强度、硬度、耐磨性和刚性等。

（三）轮胎的检查内容

轮胎是汽车的重要零部件，日常的养护工作不容忽视，那么如何进行轮胎检查呢？

1. 花纹

一般来说，正常使用的家用轿车可以每6万公里或两年更换一次轮胎，但对于花纹磨损严重的轮胎则应提早更换。可以用轮胎花纹深度尺随时检测轮胎的花纹磨损状况；此外，胎面裂纹增多也是老化严重的象征。平时可以适当喷一些轮胎上光蜡，开车时尽量不要压到腐蚀性的液体。

2. 扎洞

如果轮胎有扎洞现象，经过修补后，即使暂时用起来没问题，但在极限负载下的承受力也会大不如前。同一条轮胎上如果已经扎了3个以上的洞，建议尽快把它换掉。

3. 石子

汽车在行驶时会发出"啪啪"的声音，却没有故障，这时就要检查一下是不是有小石子卡在轮胎花纹里了。其实只要平时抽空用钥匙将胎面纹路里的这些小石子挖出来，不仅会使轮胎的制动抓地更稳定，而且还避免了胎噪。

4. 鼓包

汽车如果以高速驶过凹坑、障碍物及马路牙子时，轮胎局部在巨大的撞击力下将发生严重变形，从而内部压力瞬间增大，这样的直接后果就是造成胎侧帘子线断裂而引起鼓包。在相同冲击力度下，低扁平比的轮胎比高扁平比的轮胎更容易造成胎侧鼓包。已经发生了鼓包的轮胎必须立即更换，否则就有爆胎的隐患。

5. 气压

现在大多数家用轿车都使用了无内胎的子午线轮胎。对于前驱车来说由于发动机、变速箱等重要驱动部件都压在前部，所以前轮有时看起来会有点瘪，但目测是不准确的，一定要用专用的胎压表测量。一般来说前轮的气压在 2.0~2.2Pa，具体胎压要根据车辆维修手册的建议来调整，夏天可以适当低一些。

6. 备胎

要想备胎起到真正应急的作用，平时就要重视对它的保养。首先，要经常检查备胎气压；其次，备胎要注意防油蚀，备胎是橡胶制品，最怕各种油品的侵蚀，轮胎沾油后，很快就会发生胀蚀，这会大大降低备胎的使用寿命。最后，备胎的寿命在 4 年左右，很多车主错误地认为备胎不用就一直是新的，其实过了 4 年即使备胎一次也没有使用过也要更换，否则备胎就成了废胎。

四、任务实施

（一）技术标准与要求

①穿工作服，戴胶皮手套，做好自身清洁与保护；
②单人施工，严格按照流程操作；
③施工完成后要求橡胶件表面无污物，鲜艳亮丽。

（二）实训时间

20 分钟。

（三）实训设备、工具及耗材

车表清洗的相关设备、工具和耗材；轮胎清洁剂、轮胎上光蜡、轮胎刷、细节刷等，如图 5-3-1 所示。

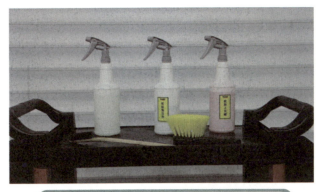

图 5-3-1　部分工具及耗材

（四）教学组织

1. 教学组织形式

每辆车安排两名学生参与实训，一名学生操作，另一名学生观察学习。

2. 实训教师职责

讲解操作步骤和注意事项；下达"操作开始"口令；工位间巡视、检查、指导和纠正错误。

3. 学生职责变换

两名学生实行职责变换制度，第二遍两名学生换位操作。

（五）操作步骤

步骤一：车表清洗/车轮冲洗。

按照车表清洗（普洗）流程进行汽车清洗，或用高压水枪冲洗车轮，冲掉大泥沙颗粒。

注意：轮胎温度过高时不能冲洗，否则会使轮胎受损。

步骤二：轮胎检查，如图 5-3-2 所示。

按照轮胎的检查内容进行轮胎检查，如有损坏，根据损坏情况进行维修或者更换。

步骤三：清洗轮胎，如图 5-3-3~图 5-3-5 所示。

先摇晃轮胎清洁剂，将清洁剂均匀地喷洒于轮胎表面，接着用轮胎刷用力刷洗，待污物流淌下后，再用高压水枪冲净轮胎。如果轮胎附着沥青，可采用柏油清洁剂来去除。轮胎花纹里的石子必须清除干净。

图 5-3-2　轮胎检查

图 5-3-3 喷洒轮胎清洁剂

图 5-3-4 刷洗轮胎

图 5-3-5 冲洗轮胎

步骤四：清洗轮辋，如图 5-3-6 和图 5-3-7 所示。

喷洒轮辋清洁剂，等待 15 秒，让产品渗入表面后，用长柄刷彻底清洁，再用高压水流全面冲净，最后用纯棉毛巾将轮辋擦干。在清洗轮辋时，灵活运用大小刷子及轮辋清洁剂，将轮辋上污垢彻底去除。

图 5-3-6 喷洒轮毂清洁剂

图 5-3-7 细节刷刷拭

步骤五：上光保护，如图 5-3-8 和图 5-3-9 所示。

确保轮胎清洗干净并风干后，摇匀轮胎上光蜡，距离轮胎 20~30 厘米，将轮胎上光蜡或橡胶保护剂均匀喷于轮胎侧壁。如果是液态轮胎蜡，则用刷子蘸液态蜡涂抹于轮胎上，不用擦拭，自然风干即可。

图 5-3-8 喷洒轮胎上光蜡

图 5-3-9 擦匀轮胎上光蜡

步骤六： 质检完工。仔细检查轮胎与轮辋是否有遗漏，是否光亮如新。

五、拓展提升

如何查看轮胎规格？

汽车轮胎的尺寸可以从轮胎侧面的数据进行查看，如图 5-3-10 所示。汽车轮胎参数的查看方法如下：

国际标准的轮胎规格是以毫米为单位，各标识分别表述轮胎宽度、扁平比、轮胎种类、轮辋直径、载重指数、速度级别。

例如：轮胎规格 225/60 R17 99H，225 表示轮胎的宽度为 225 毫米；60 表示轮胎的断面高度与宽度的百分比为 60%，即轮胎的扁平比；"R" 代表单词 Radial，表示是子午轮胎；17 表示轮辋的直径为 17 英寸；99 表示负荷指数；H 则表示轮胎的许用车速等级。

图 5-3-10 轮胎标识

请在生活中观察任意一款车型的轮胎标识，记录下来，写出标识中字母和数字的含义。

六、思考与练习

（一）选择题

属于天然橡胶的优点是（　　　）。

A. 较高的强度　　　B. 耐氧性好　　　C. 抗老化性好　　　D. 耐油性好

（二）填空题

橡胶按来源不同，分为_____和_____。

（三）判断题

1. 同一条轮胎上如果已经扎了6个以上的洞，可以不把它换掉。　　（　　）
2. 备胎的寿命在4年左右。　　（　　）

（四）简答题

轮胎的检查内容包括哪些？

任务四　电镀件美容

一、任务引入

由于车身电镀装饰在某种意义上能提升汽车的档次感，所以最近几年推出的车型镀铬装饰越来越多，有的车型甚至整个中网都使用了镀铬材料。不过，虽然好看、显档次，但也会有烦恼，因为镀铬材料会生锈或者被氧化，时间长了之后就暗淡无光，有的还会被绿色的氧化物所覆盖。此时最好用专用抛光剂对电镀表层进行抛光上蜡护理，使其光亮如新。

二、任务目标

① 能正确说出电镀材料生锈的原因；
② 能正确说出电镀材料的优点；
③ 能正确说出电镀件的美容方法；

④能独立在规定时间内完成汽车电镀件美容作业；

⑤通过观察电镀件的损伤状况，养成认真仔细的工作态度。

三、任务准备

学习资源准备

汽车美容实操工具、美容产品、实训车辆、工作页、工作防护用品、配套电子学习资源等。

相关知识准备

（一）电镀材料生锈的原因

电镀装饰上的霉点和锈迹是由于附着了霉腐微生物，或者长期受潮而形成的。我们目前生活的环境，空气质量比较差，酸雨酸雾天气也非常频繁，镀铬材料受潮之后易被腐蚀。

（二）电镀材料的优点

1. 美观

在20世纪30年代，凯迪拉克首先把镀铬运用到汽车上，目的是为汽车增加美观性，好比人佩戴上了鲜亮的首饰。汽车镀铬后大受欢迎，曾经镀铬仅仅用于高端车上，镀铬意味着高贵的身份，而到了现在，镀铬正被全球车企所运用。如今，每辆车都少不了镀铬的装饰，缺少了镀铬装饰的车辆就会显得暗淡无光，非常没有生气；而适当的镀铬则会提升汽车的外观，汽车有亮色有暗色，看起来更加协调。可以说，镀铬的出现把汽车变得更加的美观。

2. 实用

因为镀铬看起来不但美观还很时尚，所以很多汽车使用镀铬装饰。但是我们也要知道，镀铬其实还是很有实用性的。镀铬层有较好的耐热性，在500℃以下加热，其光泽性、硬度均无明显变化。镀铬层的摩擦系数小，特别是干摩擦系数，在所有的金属中是最低的，所以镀铬层具有很好的耐磨性和抗腐蚀性。简单地说就是镀铬部分更容易长久地保持光洁度，因为镀铬不容易磨损和腐蚀。所以这就是为什么一般车内外的门把手都会被镀铬覆盖，因为这个部位人手经常接触，难免会磨损，但是镀铬后问题就迎刃而解，还能起到装饰作用。

3. 改装

经过近百年的演变，现在每个车企都把这项曾经的高端技术运用得炉火纯青。镀铬让我们的车看上去更漂亮更光亮，也让我们有了更多机会去改装自己的车，如给轮毂等部件镀铬，或者加装镀铬饰条，还让我们的车变得更耐用。

（三）电镀件的美容方法

1. 采用电镀件抛光剂清洁护理

首先，对电镀件表面进行彻底清洗。其次，擦干后，轻轻摇晃护理剂或抛光剂，用纯棉抛光布蘸少许涂抹在电镀件表面，对需要抛光的部位反复擦拭，直至光亮度满意为止。最后，用清水冲干净。若表面锈垢严重，应先使用除锈剂进行除锈，然后再使用以上方法。

2. 使用美容洗车泥清洁护理

当电镀件表面通过上光无法恢复原有光泽时，可使用美容洗车泥进行清洁护理。电镀件表面不光滑、失去光泽，是因为其表面黏附有金属氧化物、灰尘颗粒以及其他化合物颗粒。清洁护理时，将洗车泥揉捏成零件表面的形状，配合使用专用全能水，在需清洁的零件表面反复擦拭，使金属氧化物、锈迹颗粒等卷入洗车泥中，直至表面光亮如新为止。

四、任务实施

（一）技术标准与要求

①穿工作服，戴胶皮手套，做好自身清洁与保护；
②单人施工，严格按照流程操作；
③施工完成后要求电镀件表面无锈蚀、有光泽。

（二）实训时间

30分钟。

（三）实训设备、工具及耗材

车表清洁（普洗）所需的设备、工具及耗材，除锈剂、抛光剂和护理剂、细节刷等，如图5-4-1所示。

图 5-4-1　部分工具及耗材

（四）教学组织

1. 教学组织形式

每辆车安排两名学生参与实训，一名学生操作，另一名学生观察学习。

2. 实训教师职责

讲解操作步骤和注意事项；下达"操作开始"口令；工位间巡视、检查、指导和纠正错误。

3. 学生职责变换

两名学生实行职责变换制度，第二遍两名学生换位操作。

（五）操作步骤

步骤一：车表清洗（普洗）/电镀件初洗，如图 5-4-2 和图 5-4-3 所示。

对汽车进行车表清洗（普洗），保证汽车表面无灰尘、污垢。如果只清洁金属电镀件，可先用清水浸润，再喷洒泡沫洗车液，然后用细节刷刷洗，用清水冲掉即可。

图 5-4-2　普洗完成

图 5-4-3　电镀件清洁

步骤二：除锈作业，如图 5-4-4~图 5-4-6 所示。

初洗后可更为清楚地看清金属实际受损、受污情况。如果有锈蚀，在细节刷上喷洒除锈剂，然后用细节刷刷洗电镀件表面，静置一段时间，再用干净柔软的棉布擦拭，去除表面尘污。

图 5-4-4　受损检查

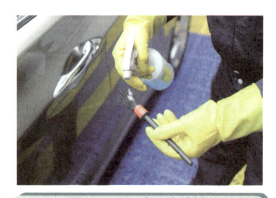

图 5-4-5　喷洒除锈剂

图 5-4-6　刷洗电镀件

步骤三：电镀件美容护理。

①先清洗需抛光的范围并风干，注意温度不能过高。

②使用前摇匀抛光剂，如图 5-4-7 所示。

③将抛光剂喷洒在一块干燥、干净的棉布上，在电镀件表面擦拭，一次只在一小块区域使用，如图 5-4-8 所示。

图 5-4-7　摇匀抛光剂

图 5-4-8　小区域擦拭

④持续抛光直至去除氧化物。如果有黑色残留物出现，用干净、柔软的棉布擦掉黑色残留物，如图5-4-9所示。然后继续抛光直至达到满意的效果为止。自然风干后，电镀件表面即出现一层薄釉。

图5-4-9 擦掉黑色残留物

五、拓展提升

居家解决生锈镀铬件的方法

镀铬件生锈的主要原因是由于下雨后未能及时洗车，导致酸雨腐蚀镀铬件，特别是南方多雨城市，这种情况常见。如果没有美容店的专业设备和耗材，居家是否可以解决镀铬件的生锈问题呢？

下面提供几种处理镀铬件的解决方法：

(1) 牙膏

牙膏含有摩擦剂，主要功能是去污并磨光牙面，如果牙膏里面含有氟的成分效果更佳。把牙膏挤在纳米海绵上，来回擦拭，效果会立马显现出来。为什么搭配纳米海绵？纳米海绵也有去污能力，尝试一下就知道了。

(2) 洁厕灵

洁厕灵属于酸性清洁剂，主要成分是盐酸（HCl），但洁厕灵清洁能力极强，建议稀释一定比例再使用，稀释比例1∶5~1∶10，取决于氧化生锈的程度。

请同学们可以任选一种方法进行金属镀铬件的美容处理，将美容处理前后的效果对比图上传至班级群或资源库。

六、思考与练习

（一）填空题

电镀件表面_____、_____，是因为其表面黏附有金属氧化物、灰尘颗粒以及其他化合物颗粒。

（二）判断题

电镀件表面上光无法恢复原有光泽时，可使用美容洗车泥进行清洁护理。（　　）

（三）简答题

电镀材料生锈的原因是什么？

项目六

汽车防护

项目描述

所谓汽车防护，是指对汽车漆面所做的防护，是在汽车漆面上安装必要的防护材料，通过这些防护材料的作用，最大限度地保护汽车漆面或者给车身改变颜色等。汽车防护项目主要有装贴太阳膜（如车窗太阳膜）、装贴隐形车衣、装贴改色膜等。这些汽车防护项目，也是汽车装潢的主要内容之一。

任务一　装贴太阳膜

一、任务引入

刘先生购买了一辆新车，准备给汽车装贴太阳膜，他把汽车开到了汽车美容店，汽车美容工小明接待了刘先生。他应该如何向刘先生介绍太阳膜的作用？如何对刘先生的汽车装贴太阳膜？

二、任务目标

①能说出太阳膜的发展历史；
②能正确说出太阳膜的作用；
③能正确使用汽车侧窗贴膜所需的各种工具；
④能熟练运用内灌风烤膜的方法；
⑤能单人高质量完成汽车侧窗贴膜作业；
⑥统筹规划裁膜用料，树立节约成本意识。

三、任务准备

学习资源准备

汽车美容实操工具、贴膜产品、实训台架、工作页、工作防护用品、配套电子学习资源等。

相关知识准备

（一）太阳膜概述

太阳膜，是指在汽车玻璃表面粘贴的膜，俗称防爆膜。它除了隔热隔光，还具有防爆功能。优质的太阳膜是用特殊的聚酯膜作基材，膜本身就具有很强的韧性，并配合特殊压力敏感胶，遇到意外时，玻璃破裂后被膜粘牢而不会飞溅伤人。太阳膜还具有单向透视、降低炫光的功能。

（二）太阳膜的发展史

（1）**第一代：传统染色膜**

染色膜俗称茶纸，其特点是：没有金属涂层，只在胶中加了染色剂，来避免炫光；可见光透射率低，隔热性能差，红外线90%穿透；容易褪色（通常变为紫色）；在长期使用后易起泡、卷边。低廉的胶内含有大量影响人身体健康的物质。

（2）**第二代：金属反光薄膜**

金属反光薄膜通过反射可见光达到隔热目的，其特点是：高反射性或类似于镜面外观，容易造成光污；大多数是单层金属喷涂，且金属涂层不均匀；部分材料是由蒸发处理而成（例如铝）或是通过溅射喷涂工艺而成的（例如钛）；不具备光谱选择性（高透光的同时不会阻隔大部分热量）；隔热性能提高的同时又会影响可见光的穿透。

(3) 第三代：吸热型薄膜

吸热型薄膜的热控性能稍有提升，其特点是：在胶中加入吸热的化学品，以便在短时间内产生似乎很优异的隔热效果，饱和之后会产生二次辐射，远红外线对人体的危害更为严重；不具备光谱选择性（高透光的同时不会阻隔大部分热量）；隔热性能提高的同时又会影响可见光的穿透；演示时具隐蔽性，因短暂的热量不会暴露其缺陷，以达到蒙蔽消费者的目的。

(4) 第四代：智能光谱选择薄膜

智能光谱选择薄膜采用磁控溅射工艺生产，是具有光谱选择功能的智能薄膜，其特点是：保证隔热性能优异的同时最大限度地允许可见光透过；由贵金属（银、氧化铟、金）多涂层溅射而成，反射而非吸收热量，不会产生二次辐射现象。

（三）如何选择太阳膜

1. 手感

劣质膜采用普通聚酯薄膜作为基材，由于内部结构松散，易染色，强度低，所以没有弹性，缺乏韧性，易起皱。优质膜质地摸上去厚实、平滑，结构致密，强度高，因而安全性高、防爆性能出色。

2. 色泽

劣质膜以染色工艺为主，因此这些颜料都吸附于薄膜表面，颜色均匀性与稳定性差，色差严重，更容易褪色和变得模糊。优质膜采用磁控溅射工艺制造，不仅色泽均匀，而且视觉清晰度高、通透性极佳。

3. 防划伤

劣质膜表面没有防划层，在升降车窗或用手擦拭时，容易出现划痕；如果用酒精、汽油等轻轻擦拭1分钟，就会出现脱色现象。优质膜表面都有专业防划层，不仅不易划伤，而且用酒精、汽油等擦拭后，也不会出现脱色现象。

4. 原厂质保

只有生产厂商出示的质保卡才是原厂膜的真正标记。

（四）太阳膜的结构

1. 耐磨涂层

该层的材料是透明的丙烯酸，非常坚韧，涂布在隔热膜外层，非常耐摩擦，经常清洗玻璃时不容易产生划痕，使玻璃看上去经久如新。

2. 安全基层

该层的材料是透明的聚氨酯，透明而且有非常强的抗冲击能力，能长期有效地保护车内乘客安全。万一在受到外来冲击力时，该安全基层能起到阻挡冲击、减少外来伤害的作用。同时，该安全基层能够有效地过滤阳光和对面车辆远光中的炫光，使驾驶人更舒适安全。

3. 金属隔热层

该层的结构是将铝、银等金属分子通过溅射的方式涂布在安全基层上，这些金属层有选择地将阳光中的红外线反射回去，从而达到隔热的效果（红外线是主要的热量来源），节约燃油。

4. 防紫外线涂层

该层能将阳光中 99% 的 UVA 和 UVB（即紫外线 A 和紫外线 B）隔断，从而达到保护汽车内饰及车内乘客免受紫外线侵害的作用。

5. 压敏胶层

该层是汽车太阳膜品质的重要保障，既要非常清晰，不影响驾驶人的视野，又要能抵抗紫外线，不变色，同时还要有非常强的黏结力，在发生一定外来冲击的情况下，太阳膜能够将破碎的玻璃黏附住，不至于伤害乘客。

6. "易施工"胶磨层

该层主要由玻璃状的黏胶组成，目的是在太阳膜施工过程中使膜在玻璃上易于移动，方便施工，而一旦定型结束，只要用刮板用力施压，玻璃微珠状的黏膜就会破裂，从而更加有效地增加太阳膜和玻璃的黏结力。

7. 透明离形纸

该层的材料是可以剥离掉的隔离层，主要保护太阳膜层，在施工过程中会将该层剥离掉。

（五）太阳膜的作用

1. 隔热防晒

贴太阳膜能很好地解决红外线产生的大量热量，车身的温度大大降低了，车内的温度亦是如此。

2. 隔紫外线

紫外线中的中波、长波能穿透很厚的玻璃，贴上太阳膜能隔断 99% 的紫外线，防止皮肤受伤害，也能减轻汽车内饰老化。

3. 安全与防爆

太阳膜的基层为聚酯膜，有非常耐撕拉防击穿的功能，防止玻璃意外破碎对乘员造成二次伤害。

4. 营造私密空间

贴太阳膜后，车外看不清车内，但不影响车内看车外的风景，可以有效保护隐私。

5. 降低空调能耗

贴上太阳膜后，空调制冷损失减少，能在一定程度上防止车内温度过高，达到降低空调能耗的作用。

6. 提升美观度

根据个人喜好贴不同的太阳膜，能彰显个性，提升美观度。

7. 防炫光

保持眼睛舒适，降低因为炫光因素造成的意外情况。

（六）内灌风烤膜方法

该方法适合范围广，除了横向裁切的太阳膜。

1. 基本操作方法

①先将玻璃清洗干净，均匀地喷涂安装液于玻璃外表面。
②将大体裁好的膜放在玻璃上，用塑料刮板定位，把气泡分均匀。
③气泡前 1/3 为膜连带引起的虚泡，不做处理，在 1/3 处轻烤一下，固定太阳膜的位置。
④在气泡的口上，用烤枪向膜与玻璃之间灌风，当气泡的边缘贴在玻璃上时（可用手按住气泡的两边），快速用烤枪对气泡进行加温，并用塑料刮板快速将气泡刮平。

2. 优点

①太阳膜均匀收缩范围较大，施工方便快捷简单。
②对玻璃弧度较大或较厚的膜可以轻松完成烘烤。

③可与干烤法结合，效果明显。

3. 缺点

①不适合横向烤膜（横烤时气泡较长，受热面积小）。
②相对于干烤与拉伸烤法，对玻璃安全造成隐患。

4. 注意事项

温度控制在280℃~300℃，不宜过高。向膜与玻璃之间灌风的时间为3~5秒。

四、任务实施

（一）技术标准与要求

①实训人员必须穿戴防静电工作服、手套、口罩（女生需佩戴头套）；
②实训场地必须明亮清洁，打开降尘设备；
③热风枪使用完毕后放入热风枪支架，避免烫伤或者烫坏塑料制品。

（二）实训时间

30分钟。

（三）实训设备、工具及耗材

设备和工具：多功能车门实训台、热风枪、钢尺、中刮板、软刮板、挤水刮板、小刮板、小喷壶、美工刀、无纺布等，如图6-1-1所示。

耗材：练习用太阳膜、安装液、塑料纸等，如图6-1-1所示。

图6-1-1 部分工具及耗材

（四）教学组织

1. 教学组织形式

每辆车安排两名学生参与实训，一名学生操作，另一名学生观察学习。

2. 实训教师职责

讲解操作步骤和注意事项；下达"操作开始"口令；工位间巡视、检查、指导和纠正错误。

3. 学生职责变换

两名学生实行职责变换制度，第二遍两名学生换位操作。

（五）操作步骤

步骤一：门板防护，如图 6-1-2 所示。

门板上附上遮蔽膜，避免施工中损坏门板上的电器设施。

步骤二：玻璃密封条防护，如图 6-1-3 所示。

如果是绒毛条材质，使用透明胶带把绒毛条的车窗密封条封好。

图 6-1-2　门板防护　　　　　　图 6-1-3　玻璃密封条防护

步骤三：打样板，如图 6-1-4 所示。

先在玻璃外表面喷水，然后把打板膜贴附在玻璃上，用记号笔沿着侧窗四周画出板型，打样时一定要准。

步骤四：裁膜（粗裁），如图 6-1-5 所示。

侧窗玻璃的裁切采用竖裁的方法。将打好的样板铺在膜上，借助钢尺进行膜片粗裁，粗裁时一般情况颈部多留 3~5 厘米，两边多留出 2 毫米。

注意：一般情况下，一卷车膜的宽度是 1.52 米，长度为 30 米，按照车窗上下对应车膜宽度方向为竖裁。因为膜的收缩具有单向性，因此不同裁膜的方法对应不同的烘烤定型方法。

图 6-1-4　打样板

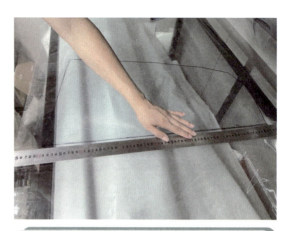

图 6-1-5　膜片粗裁

步骤五：玻璃清洁，如图 6-1-6 所示。

对侧窗内侧进行清洁，尤其旧车需要彻底清洁，然后同样用软刮板把水刮干净。

步骤六：裁膜（精裁），如图 6-1-7 所示。

再次喷洒安装液在玻璃外表面，把膜铺上，对齐，覆膜在外。首先对齐底边，底边要与底边框平行同时把膜平行下移 5 毫米；其次固定好两边，两边要与边框相平行，同时两边刚好各多出 3 毫米；底边、两边对齐后，用中刮板在膜的中间位置刮一道，把膜固定。一只手拿起膜的底部，另一只手操作门窗升降开关，将玻璃下降 2 厘米左右停止。此时在玻璃外表面用美工刀沿着玻璃的上沿把顶部多余的膜裁下，最后把精裁下的膜的两个上沿修好圆角，尽量不要在车窗上裁，防止划伤玻璃。

注意：精裁完毕之后，升上玻璃，同时把膜放置好。一般前侧窗的膜放在后侧窗及后门上，后侧窗的膜放在其后的翼子板上。注意膜片选择倒放，另需喷水简单固定。

图 6-1-6　玻璃清洁

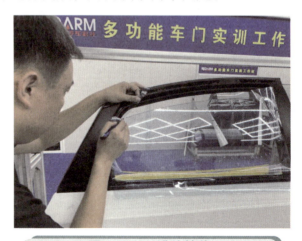

图 6-1-7　膜片精裁

步骤七：烘烤定型，如图 6-1-8 所示。

往玻璃外表面喷少量安装液，把膜片铺在玻璃上，注意膜底边要与玻璃下边缘留有 1~2 厘米距离，防止烤坏橡胶压条，膜的侧边与玻璃边框平行放置。简单定位后把膜的两边和上边绷紧，此时会发现膜的底部出现一个弧形气泡，不能与玻璃完全贴合，然后用内灌风的方法施工，同时用刮板刮平即可。

内灌风烘烤：烤枪到玻璃的距离由远及近，至 5 厘米左右时用烤枪口对准起泡口开始灌风，将泡口吹大。此时稍稍移近烤枪，当烤到底边与玻璃相结合时，开始往气泡的上方继续烤，最后用刮板刮平即可。

步骤八：玻璃内表面清洁，如图 6-1-9 所示。

清洗玻璃内表面时，先往玻璃内表面喷洒安装液，使用硬水刮板按照从上到下的顺序刮洗一遍，用塑料小刮板将侧边与底边也要刮洗到位。降下玻璃 2 厘米左右，使用硬刮板刮水，清洗玻璃上半部分，再用小三角刮板收边。确认玻璃清洗干净之后，再次喷洒安装液，为下一步骤的上膜做好准备。

图 6-1-8　烘烤定型

图 6-1-9　玻璃内表面清洁

步骤九：降尘，如图 6-1-10 所示。

打开车间降雾除尘装置，确保施工区域上方的水雾达到自然降尘的效果。

步骤十：揭膜，如图 6-1-11 所示。

先洗干净两手。揭膜动作要快，揭至距离膜的底部 1/5 处停止，把已揭下的膜面上喷洒安装液，去除静电，防止吸附灰尘。

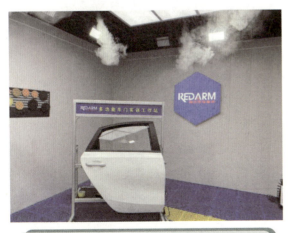

图 6-1-10　降尘

图 6-1-11　揭膜

步骤十一：上膜定位，如图 6-1-12 所示。

两手拿膜的两侧，将膜往侧窗上对位，先对好一边，再对另一边，注意观察两侧不能有漏光，膜的顶部要与玻璃上边缘平行且留有 1~2 毫米的距离。对好位之后紧接着往膜面上喷洒少量的安装液，用手指按住膜面，用挤水刮板挤水定位，用小刮板把膜两侧的两个上角固定，保证膜片不发生位移。

图 6-1-12　上膜定位

步骤十二：膜片整体定位，如图 6-1-13 所示。

抬起膜，升上玻璃，撕下保护膜。如果对下面的玻璃是否清洗干净没有把握，可用小刮板再刮洗一遍，再用软刮板刮净水分。用塞边刮板配合，把膜片下端全部塞进密封条内，这个过程动作应缓慢柔和，小心不要损坏太阳膜。

步骤十三：水分挤压，如图 6-1-14 所示。

再次往膜片上喷洒少量安装液，用挤水刮板把膜与玻璃之间的水分挤干，注意挤水力度要均匀。

图 6-1-13　膜片整体定位

图 6-1-14　水分挤压

步骤十四：收边，如图 6-1-15 所示。

对挤水刮板刮不到的边缘位置，用小刮板收边，分别把两侧及底边的水挤干。

步骤十五：局部修正，如图 6-1-16 所示。

挤水操作结束后，如发现膜的边缘和底部仍留有气泡，用烤枪在气泡所在位置的玻璃外部加热，配合刮板将气泡刮平。

图 6-1-15　收边

图 6-1-16　局部修正

五、拓展提升

贴膜质量验收

贴膜质量验收包括"三看一注意"：

①看整个太阳膜有没有沙尘和气泡。如果超过 6 个沙尘点，车主可以要求美容店免费重贴。

②看边角是否粘贴牢固。边角最容易进沙，也最考验美容工是否细心。

③坐在车内观察，有没有影响视线的地方，尤其是前风挡玻璃和侧窗玻璃。

④贴膜后，建议 7 天内不要随意升降侧窗玻璃。

请根据贴膜质量验收的"三看一注意"原则，随机找出一辆贴膜汽车，进行贴膜质量的检查，将检查结果在小组内公示。

六、思考与练习

（一）填空题

1. 汽车太阳膜是指在汽车玻璃表面粘贴的膜，俗称_____。
2. 汽车太阳膜还具有_____、_____的功能。

（二）简答题

1. 简述汽车太阳膜的结构。
2. 简述汽车车窗贴膜的七大功能。

任务二 装贴隐形车衣

一、任务引入

刘先生最近遇到了一个烦恼：由于汽车经常在户外行驶，难免受到太阳的暴晒、灰尘沙粒的袭击，甚至酸雨的侵蚀，长久使用后，汽车暗淡无光。有什么办法能够彻底解决这个问题呢？刘先生联想到了手机贴膜，如果能给汽车漆面贴上一层保护膜，就像在手机屏幕上贴膜一样，岂不是很完美？于是刘先生到汽车美容店寻求专业的帮助，想给自己的汽车贴上隐形车衣。汽车美容工小明该如何给刘先生的汽车贴上隐形车衣呢？

二、任务目标

①能正确说出隐形车衣的作用；
②能正确说出隐形车衣的品牌；
③能独立完成汽车车门的隐形车衣的装贴作业；
④能和客户进行沟通，讲解装贴隐形车衣的必要性；
⑤体会精裁收边的工作效果，建立精益求精的工匠精神。

三、任务准备

学习资源准备

汽车美容实操工具、贴膜产品、开放美容设备间、实训台架、工作页、工作防护用品、配套电子学习资源等。

相关知识准备

（一）隐形车衣的发展史

隐形车衣不是字面上的真正的隐形，而是一种透明膜，一种附着在汽车表面的保护膜，是保护车漆的，因此它的全称是漆面透明保护膜，简称 PPF（Paint Protection Film）。

最初，隐形车衣不叫隐形车衣，而叫"犀牛皮"。早在20世纪60年代，"犀牛皮"首先应用于美军直升机上，用于保护螺旋桨边缘。20世纪70年代，"犀牛皮"用于保护美军隐形战斗机雷达罩的漆面。20世纪90年代，"犀牛皮"开始民用，汽车拉力赛、方程式赛车等汽车竞赛项目开始使用"犀牛皮"来保护赞助商的图标，当车体在碰撞时，以保证车体图标的完整性。21世纪的今天"犀牛皮"就完完全全运用到汽车上了，用于原厂车漆的保护，也就形成了现在的隐形车衣。

（二）为什么要保护原厂车漆

原厂车漆就是汽车在出厂的时候所用的车漆（后期补的漆不能称为原厂车漆）。在进行车身涂装的过程中，不同的阶段使用的涂料是不同的，并且形成不同的漆层。在车身钢板之上，由电泳层、中涂层、色漆层和清漆层四个漆层组成，这四个漆层共同构成了我们目视所得的车漆层，也就是大家常说的原厂车漆。

原厂车漆含有钝化磷化层，是原厂车漆专有结构，而后喷车漆是用腻子代替磷化层，大大减弱了铁板与车漆的结合程度；而且腻子本身具有严重的腐蚀性，对铁板会产生伤害，长久对整体车况十分不利。

原厂车漆的施工环境在绝对的无尘车间内施工，避免了在喷漆过程中细小的飞尘、污染物在与车漆结合的同时被喷涂在车体表面。原厂车漆的施工原料也远远优于后喷车漆，原厂车漆是完全的电脑精密调漆，不仅色泽艳丽、自然，而且寿命更长久，往往与后喷车漆相比，会形成完全不同的两种视觉效果，甚至色差极其明显。原厂车漆的烤漆过程是在全车无内饰、无任何部件时采用160℃~180℃的烘烤温度进行的，使车漆与铁板更加充分结合，更加牢固。

（三）隐形车衣的分类

现在市面上的隐形车衣一般有这几种材质：PVC、TPU和PU。PVC是聚氯乙烯；PU是聚氨酯；TPU是热塑性聚氨酯，是聚氨酯的一种，因其优越的性能和环保概念日益受到人们的欢迎。

目前，凡是使用PVC的地方，TPU都能成为PVC之替代品，但TPU所拥有的优点，PVC却望尘莫及。TPU不仅拥有卓越的高张力、高拉力、强韧和耐老化的特性，并且是一种成熟的环保材料，高端的隐形车衣的材质就是TPU。PVC是靠硬度保护车漆的，TPU是靠韧性保护车漆的。当然TPU材质比较贵，但它有抗划痕自动修复能力。这种膜的特点是：抗UV聚合物、抗黄变、抗老化性能极好；因其未经过"拉伸"过程，抗收缩性能极好，延展性也极好；易于施工，且施工后耐候性极好，移除时不留残胶。

（四）隐形车衣的作用

隐形车衣的作用就是保护原厂漆的。隐形车衣的优势不同于打蜡、镀晶，它可以有效地保护车漆，还可以提升车漆本身的光泽度，最重要的是它持续的时间长，进口TPU材质一般使用5~7年。隐形车衣非常透明，可以和原来的车漆完美地融合在一起，隐形车衣的优势就是不影响到汽车原来的颜色，而且还可以让车体漆面在原有的光泽度上提升。隐形车衣还可以防止一般的摩擦和划伤。正是因为隐形车衣同时拥有这么多的优点，所以现在有很多车主都倾向于为自己的爱车"穿"上隐形车衣。

（五）隐形车衣的品牌

市场上现有的隐形车衣品牌有龙膜（LLumar）、优帕（UPPF）、3M、圣科（SunTek）、艾利、Xpel、尼克（NICK）、金迪斯、哈曼、WINS、瑞亚等。

1. 龙膜

龙膜创始于20世纪70年代，它以先进的技术研发和生产能力、广泛的全球分销以及优质的客户服务水平而著称于世，拥有汽车窗膜、汽车漆面保护膜、汽车太阳膜等。

2. 优帕

美国优帕汽车保护膜由美国佛罗里达州MADICO公司研发生产，MADICO是一家专业窗膜公司，世界六大玻璃膜制造厂商，实现了无数行业第一，公司在全世界50多个国家均有代理商，拥有上千家经销商。

3. 3M

3M是一种聚氨酯薄膜，抗黄变、抗UV聚合物、耐磨性好、韧性超强、抗碰撞、易粘巾，装贴以后可以使汽车漆面与空气隔绝，并且防氧化、防酸雨、防划伤，能够持久保护汽车漆面。

4. 圣科

圣科隐形车衣隶属于全球性的高性能膜制造商伊士曼，作为旗下最年轻的品牌，圣科于1995年创立于美国弗吉尼亚州，并于2008年进入中国市场。

5. 艾利

艾利隐形车衣是TPU材质的，其保护膜是以物理覆盖的形式贴附于车漆表面，不与漆面发生任何化学结合反应，不仅不会造成漆面损伤，还可有效阻隔高温暴晒。

6. Xpel

Xpel是一家透明保护膜的美国专业厂商，成立于1997年，2011年创造出行业内首款划痕自愈的透明膜。如今 Xpel 隐形车衣有着全球独特的三层级别的背胶剂黏合专利，能够让隐形车衣更好地吻合车辆轮廓线，拒绝褶皱、失真。

（六）隐形车衣的产品特点

①优良的延展性能，超强的拉伸强度，可在任意弧面上粘贴。

②抗黄变性 3 年以上，抗老化性 5 年以上。

③水晶般的透明性，与原车融为一体，不影响车漆本色；可提升车漆 5%~20% 的光泽度。

④可以抵抗石油、油脂、弱碱、沙粒、酸雨等对漆面的损伤。

⑤超强的柔软性与记忆性，可抵御一般性的划伤、摩擦。

⑥良好的抗紫外线，防止对车漆长时间的损害，保护原厂车漆的光泽度。

⑦良好的胶黏性，不开边，不龟裂。

⑧良好的压敏胶特性，可以确保任何时间移除不留残胶。

⑨符合环保要求。

⑩表面保护膜为 3 丝厚度的透明 PE，可以在施工的时候确保基材不会被划伤，并且可以随着基材拉伸。

四、任务实施

（一）技术标准与要求

①实训人员必须穿戴防静电工作服、手套、口罩（女生需佩戴头套）；

②实训场地必须明亮清洁，打开降尘设备；

③热风枪使用完毕后放入热风枪支架，避免烫伤或者烫坏塑料制品。

（二）实训时间

30 分钟。

（三）实训设备、工具及耗材

设备和工具：多功能车门实训台、热风枪、钢尺、中刮板、软刮板、挤水刮板、小刮板、小喷壶、美工刀、无纺布等，如图 6-2-1 所示。

耗材：练习用隐形车衣、安装液、塑料纸等，如图 6-2-1 所示。

图 6-2-1　部分工具及耗材

（四）教学组织

1. 教学组织形式

每辆车安排两名学生参与实训，一名学生操作，另一名学生观察学习。

2. 实训教师职责

讲解操作步骤和注意事项；下达"操作开始"口令；工位间巡视、检查、指导和纠正错误。

3. 学生职责变换

两名学生实行职责变换制度，第二遍两名学生换位操作。

（五）操作步骤

步骤一：漆面深度清洁，如图6-2-2所示。

车门表面喷洒清洁剂，使用软刮板将车门表面清洗干净，利用洁朋泥进行漆面深度清洗，边清洗边用手抚摸漆面，确定没有遗漏的地方。对于漆面比较粗糙、洗车泥无法处理的，需要用抛光蜡配合抛光机进行抛光处理，并用吸水布将边缝水分擦拭干净。

步骤二：隐形车衣剪裁，如图6-2-3所示。

根据车门尺寸大小，裁剪出整块的隐形车衣，然后按照车身的流线布局进行进一步的裁剪，单边预留10~20厘米，方便手可以抓住膜边进行拉伸。

注意事项：单边尺寸必须预留宽膜，预留尺寸太少无法进行拉伸。

图6-2-2　漆面深度清洁

图6-2-3　隐形车衣剪裁

步骤三：贴膜准备，如图6-2-4所示。

车门表面喷洒安装液，用挤水刮板刮除安装液，反复2~3次直到表面清洗干净。利用无尘布擦拭干净，观察漆面是否干净、无脏点、无瑕疵，并将车门边角边缝擦拭干净。

注意事项：挤水刮板每刮一次需要用吸水布擦拭一次，清理刮板表面。挤水刮板每次需要覆盖上一次刮水面积的 1/5~1/4，防止漏刮。

步骤四：揭膜喷水去除透明膜底纸，如图 6-2-5 所示。

先将膜的一个角揭开，喷洒安装液，手换位抓住已去底纸的位置，继续揭膜，一边揭膜一边喷洒安装液。将膜全部覆盖在车门上，观察车门部位是否全部被膜覆盖住，边角是否有足够膜量。车门上膜需要注意：车门安装液必须喷均匀，不能有遗漏；揭膜之前周围需要先降尘，揭膜过程必须一边揭膜一边喷洒安装液，防止揭膜过程中产生静电吸附周围灰尘。

图 6-2-4　贴膜准备

图 6-2-5　揭膜喷水去除透明膜底纸

步骤五：拉伸定型，如图 6-2-6 所示。

车门拉伸方法为外八字拉伸（四个角方向拉伸），将车门四条边线褶皱抻平，用清水将四个角的安装液冲洗干净，将四个角与漆面完全贴合，并用软刮板将四个角的水分完全挤排干净，防止四个角的膜回缩，无法实现定位的目的。

步骤六：施工刮水，如图 6-2-7 所示。

刮水之前，用手抚摸膜表面，让安装液充分覆盖至每一块区域。软刮板刮水过程中，软刮板每刮一次需要覆盖上一次刮水面积的 1/4~1/3，防止漏刮。刮水完成后，用毛巾擦干表面水分，在背面水分没有蒸发完以前检查施完效果，是否有胶印、漏刮、脏点、灰尘和沙粒，如有问题需及时补救或者重新施工。刮水时需要注意：刮水过程中，安装液必须覆盖至每一块区域，缺少安装液，膜没有滑动性，容易产生胶印；软刮板必须将安装液清除干净，不能有漏刮，刮水不到位或者漏刮容易产生小干泡。

图 6-2-6　拉伸定型

图 6-2-7　施工刮水

步骤七：精裁收边包边，如图6-2-8所示。

用壁纸刀沿着车门四周厚边将多余的膜裁掉，精裁的目的是将多余的膜裁掉，防止反复撕揭时多余膜上的灰尘、脏点、沙粒回流至车门边角位置。将左右边和上下方边膜抬起，喷洒清水稀释安装液，等待膜表面清水干透后进行包边，可用烤枪热定型施工。包边时安装液必须用清水冲洗干净，冲洗不干净安装液黏度太高，边角无法跟漆面贴合。

步骤八：质检，如图6-2-9所示。

用无尘布或者吸水布将贴膜位置擦拭干净，确认表面没有缺陷，如有问题及时解决。

图6-2-8 精裁收边包边

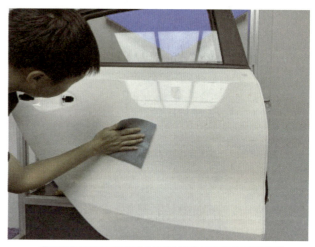

图6-2-9 质检

步骤九：整理工具。

将实训工具表面擦拭干净，整理摆放整齐。注意实训结束后需对实训场地及周围卫生清理干净，关闭电源开关，电源插排归位，培养良好的工作习惯。

五、拓展提升

隐形车衣能不能打蜡？

隐形车衣作为当代汽车漆面的保护神器，相较于传统的打蜡方式，有着独特的魅力。防剐蹭、抗腐蚀而且还能抗氧化老化，虽然听起来略有夸张，但是却能质保8~10年。不过隐形车衣的抗污能力虽然强，却也会被环境影响，所以一些问题也会慢慢浮现。为了保持良好的效果，有些人想到了用打蜡的方式来保养车衣，那么这样做会带来哪些影响？

新型的隐形车衣，由于材料是TPU的，本身就具备抗氧化抗黄变的作用，而且表面还有纳米涂层，可以让汽车长期保持清洁亮白的状态，效果很强大。如果用车蜡来护理，里面的溶油剂成分对纳米涂层具有一定的破坏性，反而会加速隐形车衣的恶化。对于隐形车衣来说，表面的双层纳米涂层是重要组成部分，一旦受损隐形车衣就会直接失去作用。

事实上，隐形车衣都是有专门的保养剂的，只需要定期做一些护理就可以，如果在隐形车衣上做过多处理，反而会降低使用寿命。

请分析隐形车衣能不能打蜡？为什么？如何来保养隐形车衣？

六、思考与练习

（一）填空题

1. 隐形车衣的全称是_____。
2. 市场上现有的隐形车衣品牌有_____、_____、_____、_____、_____等。

（二）简答题

1. 隐形车衣的材质有哪些？
2. 简述隐形车衣的作用。

任务三　装贴改色膜

一、任务引入

汽车改色贴膜已经成为车主个性定制的一个必选项目。汽车改色不仅满足车主日常出行的需要，还可以彰显车主特立独行的性格。这种膜可以在原车漆的基础上附着于车身表面，不但不会伤害原有漆面，还能起到保护作用，撕掉这层膜就可以恢复原色。这种车身改色膜不但可以单色覆盖，还可以双色、多色拼接，甚至可以进行彩绘，作出多种图案。重要的是改色贴膜能将车漆与空气隔离，有效防止车漆酸碱腐蚀和氧化，相当于给汽车加了保护层。当新车车主小王了解到改色膜有这么多优点之后，立即决定要给自己的爱车进行改色。汽车美容工小明应该怎样给小王的汽车装贴改色膜呢？

二、任务目标

①能正确说出改色膜的分类；
②能正确说出改色膜的特点；
③能识别改色膜的品牌；
④能正确使用装贴改色膜所需的各种工具；
⑤能单人高质量完成汽车车门贴装改色膜的作业；
⑥体会精裁收边的工作效果，建立精益求精的工匠精神。

三、任务准备

学习资源准备

汽车美容实操工具、贴膜产品、开放美容设备间、实训台架、工作页、工作防护用品、配套电子学习资源等。

相关知识准备

（一）改色膜的发展史

汽车改色贴膜实际上在欧洲市场有着悠久的历史。车贴于1887年4月20日在巴黎举办的世界第一场汽车比赛中首次亮相，赛车选手们的汽车侧门必须贴明参赛编号以便识别，这是最早的车贴形式。经过长久的汽车及摩托车赛事推广，大量的赞助商涌入赛车行业，赛车车身开始出现了赞助商广告性质的品牌车贴，比如著名的法拉利车队赞助商万宝路等，这样的车贴我们称为改装车贴和标志贴，可以说车贴最早的大范围流行就是起源于赛车运动。车贴的大力发展源于欧美和日本的汽车业兴起和普及，购车人群逐渐年轻化和家庭个人化，由于年轻的性格特征及受赛车风格的影响，车贴大行其道，逐渐风靡全世界。在车身上刻字、贴广告图片是当时绝大部分车主选择改变爱车外观的重要方式，而通过整车包覆贴膜后将车呈现喷漆效果的方式在当时是万万没有人能够预见的。近几年来，随着中国汽车市场的高速发展以及车主的年轻化，汽车改色膜受到众多车主的关注。

（二）改色膜的分类

改色膜市场上最常用的材料是聚氯乙烯。

1. 按照生产工艺分类

①铸造级改色膜：原料为液态有机物生成，其中可包含有机PVC树脂及增塑剂、耐UV

添加剂、热稳定剂、溶剂等添加剂，加热固化，溶剂蒸发后形成厚度一致的固态膜。

②压延级改色膜：将软化的树脂、添加物等混合物，通过不同滚轮的挤出、碾压，使软化的树脂由厚到薄，直到最终成膜。通过改变胶表面的结构，可以改良其施工性能。

2. 按照背胶结构分类

①压敏背胶改色膜：胶表面平滑，有很高的初始黏性，会迅速与基材表面黏合。此材质一般用于小尺寸贴膜或者使用湿贴方式。

②压力激活背胶改色膜：胶表面有微小的玻璃微珠，起到阻隔胶与基材结合的作用。施压后，玻璃微珠被挤压到胶层内部，胶与基材直接结合，产生黏合作用，可使用干贴方式。

③导气槽背胶改色膜：胶的表面有细小的通路，使膜与基材间残留的空气可以方便地逸出，便于使用干贴方式施工。

3. 按照改色膜特点分类

按照改色膜的特点分类，可分为亚光膜、亮光膜、珠光膜、金属亮光膜、亚光金属膜、拉丝金属膜、汽车电镀膜、碳纤维膜、变色龙膜、透明膜等。

4. 按照导气槽工艺分类

导气槽用肉眼就能看出有没有网格状或者蜂窝状结构。改色膜中电镀膜大多没有导气槽，最近几年国产电镀膜出现导气槽。

（三）改色膜的特点

①轻薄强韧：改色膜要有一定的厚度才能保护车身。

②柔韧性、延展性更强（加温后任意拉伸，恢复常温后定型不收缩），可在较小弧面上表现出理想曲折性，贴合力更持久。

③经久耐用：极好的环境耐性，不发黄，使用寿命达4年。

④持久晶莹：独有增光涂层，增光增透，持久自然，与原车融为一体，完全绽现车漆质感。

⑤隔绝腐蚀：可抵御大部分石油、油脂、燃料、脂肪溶剂、弱酸、弱碱、弱盐，完全隔绝酸雨、沙粒、鸟粪等持续损伤。

⑥耐磨耐划：超强韧性回复力提高10倍以上，自动弥合细小划痕，极好抵御一般性划伤、碰擦及磨损。

⑦卓越滤光：折射、过滤有害光线，阻隔强光、UV对车漆造成的损害，保护原厂漆的光泽度和耐用性。

⑧隔热阻燃：适应温差 -40℃~90℃，具备良好的隔热及惰性导温功效，阻火阻燃。

⑨整膜贴覆：无须拼接，无接缝，无痕迹，保证车面完整性。

⑩强力贴合：无褶皱，无气泡，不开裂，不起翘。

⑪养护便捷：减少洗车打蜡工时及费用。

⑫不留残胶：轻松一贴，轻易揭除，不伤漆面，不留残余，达到超乎想象的惊人效果。

⑬超级环保：不对漆面、人体及自然产生任何毒副污染。

（四）改色膜的品牌

汽车改色膜颜色丰富，可以根据车主的个性喜好，以整体覆盖粘贴的方式改变全车或局部外观，相对于以往喷漆改色方式，更加方便快捷，深受很多年轻人的喜爱，成为当下颇为流行的一种改色方式。

想要得到更好的效果，除了施工人员的技术，选择好的改色膜也是至关重要的一步。众所周知，品牌产品质量更好，更有保障，所以在很多时候，车主还是会相信品牌的力量。如今市场上的汽车改色膜品牌众多，主流的品牌如下：

1. 威固

威固（如图 6-3-1 所示）是高端汽车贴膜品牌，始于 1974 年，也是国际性的窗膜品牌，其生产商是伊士曼化工旗下的美国造化科技公司。它采用与 B2 轰炸机表面涂层相同的智能波长选择技术，运用昂贵的磁控溅射设备将纳米级的金属颗粒均匀喷溅到优质透明基材上，所以，价格也普遍较贵。

2. 龙膜

龙膜（如图 6-3-2 所示）创始于 20 世纪 70 年代，隶属于美国伊士曼化工旗下的窗膜品牌。它以先进的技术研发、卓越的生产能力、广泛的全球分销以及优质的客户服务水平而得到较好的口碑，产品规格丰富，满足客户不同需求。车膜质量高，价格也贵。

图 6-3-1 威固品牌

图 6-3-2 龙膜品牌

3. 贝卡尔特

贝卡尔特（如图 6-3-3 所示）成立于 1880 年，是一家大型跨国公司，国际窗膜协会会员之一，全世界磁控溅射膜的最大生产商，也是国际公认的在薄膜金属化、涂布和复合、产品研发、技术创新、生产制造方面的行业领导者。20世纪80年代初，它率先将不锈钢、钛、铜等珍贵金属真空磁控溅射涂层的玻璃贴膜实施大规模商业化生产。产品品种丰富，金属变形技术及镀膜领域在全球市场与技术上都处于领先地位。

4. 3M

3M（如图6-3-4所示）创建于1902年，世界500强企业，全球性的多元化科技企业，素以勇于创新、产品繁多著称于世。它是国际大品牌车膜，汽车太阳膜产品繁多，改色膜系列也有超过100种颜色可供选择，提供独特、创新、高品质的车身改色体验。但国内假货多，购买时需要注意。

图6-3-3　贝卡尔特品牌

图6-3-4　3M品牌

5. 强生

强生（如图6-3-5所示）成立于1960年，是世界贴膜协会的倡导者和成员，其产品的品质处于世界领先地位。其生产的改色膜色彩独特，可以满足用户的个性化需求；不含金属，贴膜后不影响车内无线信号的接收；清晰度、隔热和隔紫外线性能优越；质地较硬，有很好的抗划性。而且价格不贵，因此受到很多的车主追捧。

6. 雷朋

1996年雷朋（如图6-3-6所示）率先进入国内汽车改色膜的中高端市场。雷朋的改色膜，具有良好的实用性和防护性，以及安全环保等特点。创新科技，引领时尚，雷朋力求以卓越的品质、专业的技术、高效的服务打造高端的改色膜品牌。

图6-3-5　强生品牌

图6-3-6　雷朋品牌

7. 琥珀光学

琥珀光学（如图6-3-7所示）成立于1997年，是全球第一也是唯一的多层纳米陶瓷隔热品牌，车膜性能优越，在高隔热的基础上还解决了汽车金属膜容易氧化、阻隔电子信号的缺点，属于中高端车膜。

8. 艾利

艾利（如图6-3-8所示）是美国500强企业之一，其标识薄膜及反光产品都为众多车队标识和个性化汽车装饰包贴、车身改色贴膜、汽车原厂、建筑标识、汽车工业和交通安全领域提供全面的解决方案。艾利的汽车贴膜系列产品性能优越，颜色款式众多，是保时捷、法拉利、宝马MINI、上海大众、华晨宝马等原厂定制配套服务供应商。

图6-3-7 琥珀光学品牌

图6-3-8 艾利品牌

9. 美基

美基（如图6-3-9所示）是留美学生研发的广州环旗汽车用品公司旗下品牌，始创于2005年。美基品牌太阳膜通过交通部门权威检测，符合国家标准。美基在网络销售稳居前茅，车膜质量不错，价格也不贵，颜色经典多样，相对于其他品牌车膜，性价比是最高的。

10. 冠碟

冠碟（如图6-3-10所示）成立于1945年，是比利时的一家自贴膜制造商，车身贴膜的全球领先企业，是最早从事车身贴膜的顶尖欧洲品牌。多年来为不同类型的车辆完美解决漆面保护和改色贴膜方案，从劳斯莱斯、宾利、法拉利、兰博基尼到各类个性化汽车，工艺和产品品质均得到车主的一致好评，也为奔驰、Smart、保时捷、宝马、大众、沃尔沃、捷豹等车型提供完美的个性化渠道销售的改色贴膜方案。

图6-3-9 美基品牌

图6-3-10 冠碟品牌

四、任务实施

（一）技术标准与要求

①实训人员必须穿戴防静电工作服、手套、口罩（女生需佩戴头套）；
②实训场地必须明亮清洁，打开降尘设备；
③热风枪使用完毕后放入热风枪支架，避免烫伤或者烫坏塑料制品。

（二）实训时间

30 分钟。

（三）实训设备、工具及耗材

设备和工具：多功能车门实训台、定位器、热风枪、钢尺、裁膜刀、排气笔、剪刀、硬刮板、软刮板、塞边刮板、小刮板、美容刀、无纺布等，如图 6-3-11 所示。

耗材：练习用改色膜。

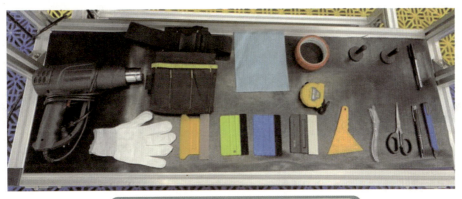

图 6-3-11 部分工具

（四）教学组织

1. 教学组织形式

每辆车安排两名学生参与实训，一名学生操作，另一名学生观察学习。

2. 实训教师职责

讲解操作步骤和注意事项；下达"操作开始"口令；工位间巡视、检查、指导和纠正错误。

3. 学生职责变换

两名学生实行职责变换制度，第二遍两名学生换位操作。

（五）操作步骤

步骤一：车门漆面清洁，如图 6-3-12 所示。

首先使用洁朋泥配合相应美容产品清洁漆面，必要时使用抛光机对车门进行抛光处理。

步骤二：测量裁膜，如图 6-3-13 所示。

测量时选取长宽最大处（为了减少浪费和充分利用材料，可在裁剪前对车门进行打板），根据实际测量尺寸在裁膜台上裁取合适的长度和宽度，并单边延伸 30~50 厘米，用来进行拉伸（裁膜尺寸大小与车门尺寸完全吻合的情况下，无法进行拉伸及包边包角）；将裁剪好的膜平铺于车门表面，上下左右调整位置并用固定器固定，查看所裁膜是否可以完全覆盖车门并且可以实现包边包角。

注意：车身改色膜施工必须包边包角，不能露出原车颜色。

图 6-3-12 车门漆面清洁

图 6-3-13 测量裁膜

步骤三：揭膜覆膜，如图 6-3-14 所示。

揭膜需两人配合将膜两端抻平，揭膜时从上往下，使膜面自然下垂，保持改色膜不动，顺势将底纸全部去除；覆膜时预先调整好整体位置，两人"外八字"拉伸将膜抻平，轻轻放下，去除大部分气泡。

注意：覆膜时最好一次覆膜成功，反复揭膜、覆膜容易产生折痕及胶印。

步骤四：定位赶膜，如图 6-3-15 所示。

将软刮板倾斜 45°先将车门腰线以上定位并将气泡全部赶出，依次向左或者向右将软刮板倾斜 45°从上到下进行往复运动，将所有气泡全部赶出为止。

注意：刮板赶膜必须一道盖一道，每次按 1/4~1/3 的重叠面积进行操作，以尽可能地避免因赶膜过程中的遗漏造成的气泡。软刮板力度不可太大，以膜与钣金件表面完全贴合为准，力度过大容易划伤膜表面，力度太小膜未与钣金件表面完全贴合。

图 6-3-14 揭膜覆膜

图 6-3-15 定位赶膜

步骤五：粗裁包边包角，如图 6-3-16 所示。

将多余的膜裁切掉，边预留 3~5 厘米进行包边即可，角的位置预留 10 厘米左右用来包角即可；利用烤枪将边角的膜加热使其软化，"外八字"拉伸后直接将边角进行覆盖，直线边的地方直接用手指向钣金件背面压实即可。

注意：边角位置的膜一般都有褶皱，需用烤枪对其加热软化后进行包角。

步骤六：精裁，如图 6-3-17 所示。

依钣金件背面结构精细裁切，一般以钣金件背面钣金胶的位置为基准进行裁切。

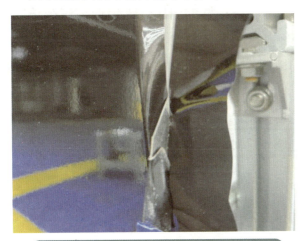

图 6-3-16 粗裁包边包角

图 6-3-17 精裁

步骤七：热定型，如图 6-3-18 所示。

利用烤枪对精裁过的膜表面进行加热，使膜表面温度达到 90℃~95℃。热定型的目的是让膜背胶达到最佳黏合程度，并且判断粘贴的膜是否会出现缩边缩角现象。

步骤八：清洁质检，如图 6-3-19 所示。

清洁膜表面残留手指印、灰尘等，恢复膜表面光泽，检查贴膜部位是否有气泡或者粘贴不牢等问题，有则进行修复。

图 6-3-18 热定型

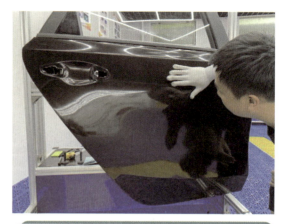

图 6-3-19 清洁质检

五、拓展提升

汽车改色膜能用多久？

一般情况下，汽车改色膜可以用 7~8 年；但如果质量比较差的话，不仅保护车漆效果不明显，而且跟漆面的附着能力是相对比较差的，所以用久的话可能会出现气泡甚至脱落的现象，可能用两三年就得更换了。虽说汽车改色膜本身就有很好的耐用性，但如果汽车长期日晒雨淋的话，多多少少对改色膜的使用寿命是有影响的。

总的来说，如果想要汽车改色膜有更长的使用时间，最好还是到正规的汽车美容店进行贴膜。如果是网上购买改色膜的话，就需要选那些口碑比较好的品牌店铺了。当然，条件允许的话还可以买进口改色膜，不管是技术功效还是耐用性都是更加出色的。

请同学们走访学校周边的汽车美容店，调研汽车改色膜的使用期限，在小组内跟大家分享。

六、思考与练习

（一）选择题

1. 定位赶膜需要将软刮板倾斜（　　）。

A. 45°　　　　B. 15°　　　　C. 75°　　　　D. 30°

2. 根据实际测量尺寸在裁膜台上裁取合适的长度和宽度，并单边延伸（　　）。

A. 10~20 厘米　　B. 20~30 厘米　　C. 30~40 厘米　　D. 30~50 厘米

（二）简答题

列举市场上常见的汽车改色膜品牌。

参考文献

[1] 覃维献. 汽车美容 [M]. 2版. 北京：北京理工大学出版社，2014.
[2] 德勤咨询公司. 2020中国汽车后市场白皮书 [R/OL]. [2020-11-25]. http://www.199it.com.

目　录

项目一　汽车美容行业认知 ··· 1
任务一　汽车美容行业企业调研 ·· 1
汽车美容行业企业调研工作页 ··· 1
汽车美容行业企业调研评价表 ··· 3
任务二　认识汽车美容设备与产品 ·· 4
配比轮胎清洁剂工作页 ·· 4
配比轮胎清洁剂评价表 ·· 5

项目二　车表清洗 ··· 6
任务一　专业人工清洗（普洗）··· 6
专业人工清洗（普洗）工作页 ··· 6
专业人工清洗（普洗）评价表 ··· 8
任务二　专业人工清洗（精洗）·· 11
专业人工清洗（精洗）工作页 ·· 11
专业人工清洗（精洗）评价表 ·· 13
任务三　汽车底盘清洗 ·· 16
汽车底盘清洗工作页 ·· 16
汽车底盘清洗评价表 ·· 18
任务四　电脑洗车机清洗 ·· 20
电脑洗车机清洗工作页 ··· 20
电脑洗车机清洗评价表 ··· 22

项目三　汽车内饰美容 ·· 23
任务一　汽车内饰清洁养护 ··· 23
汽车内饰清洁与养护工作页 ··· 23
汽车内饰清洁与养护评价表 ··· 25
任务二　汽车室内消毒净化 ··· 27
汽车室内消毒净化工作页 ·· 27
汽车室内消毒净化评价表 ·· 28
任务三　发动机舱清洁养护 ··· 29
发动机舱清洁养护工作页 ·· 29
发动机舱清洁养护评价表 ·· 31

项目四　汽车漆面美容 ·· 33

任务一　漆面抛光 ··· 33
漆面抛光工作页 ··· 33
漆面抛光评价表 ··· 35

任务二　漆面上蜡 ··· 37
漆面上蜡工作页 ··· 37
漆面上蜡评价表 ··· 39

任务三　漆面镀晶 ··· 40
漆面镀晶工作页 ··· 40
漆面镀晶评价表 ··· 41

项目五　车身附属件美容 ·· 42

任务一　玻璃美容 ··· 42
玻璃美容工作页 ··· 42
玻璃美容评价表 ··· 44

任务二　塑料件美容 ·· 46
塑料件美容工作页 ·· 46
塑料件美容评价表 ·· 47

任务三　橡胶件美容 ·· 48
橡胶件美容工作页 ·· 48
橡胶件美容评价表 ·· 49

任务四　电镀件美容 ·· 50
电镀件美容工作页 ·· 50
电镀件美容评价表 ·· 51

项目六　汽车防护 ·· 52

任务一　装贴太阳膜 ·· 52
装贴太阳膜工作页 ·· 52
装贴太阳膜评价表 ·· 54

任务二　装贴隐形车衣 ·· 55
装贴隐形车衣工作页 ·· 55
装贴隐形车衣评价表 ·· 57

任务三　装贴改色膜 ·· 58
装贴改色膜工作页 ·· 58
装贴改色膜评价表 ·· 60

项目一 汽车美容行业认知

任务一 汽车美容行业企业调研

汽车美容行业企业调研工作页

作业准备					
任务	成员	资源	目标	预期问题	
1. 确定调查区域					
2. 制定调查步骤					
3. 预约时间					
4. 实地调查					
5. 填写工作页					
6. 制作汇报PPT					
作业记录					
调研地点					
调研时间					
街区概况					
门店一	名称： 门店类型： 服务项目： 主要盈利项目： 配套设施： 主要品牌： 收集实地照片：				

续表

门店二	名称： 门店类型： 服务项目： 主要盈利项目： 配套设施： 主要品牌： 收集实地照片：
门店三	名称： 门店类型： 服务项目： 主要盈利项目： 配套设施： 主要品牌： 收集实地照片：
调研总结	

汽车美容行业企业调研评价表

序号	内容	工作标准	分值	评分标准	自评	互评	师评	得分
专业理论								
1	能正确描述汽车美容行业的发展趋势	脱稿、语言流畅	5	遗漏一个知识点扣2分				
2	能说出常见的汽车美容门店类型	脱稿、语言流畅	5	遗漏一个知识点扣2分				
3	正确完成思考与练习	准确、工整	10	每缺一项扣2分，每错一项扣2分				
作业实施								
1	准备工作	完善齐全	10	每缺一项扣2分				
2	调研计划	翔实可操作	10	每缺一项扣2分				
3	实地调查	调查实施过程严谨，每家门店10分	30	基本项信息每缺一项扣2分，附加其他有效可借鉴信息每一项加2分				
4	填写工作页	资料处理与统计合理，素材丰富	10	按照工作页完成度赋分				
5	总结汇报	陈述清晰、准确，展示生动	10	根据展示效果赋分				
素养与安全								
1	语言表达	举止得体，语言清晰，详略得当	5	选错一次扣1分；使用方法错误扣2分				
2	团队合作	配合默契，分工明确	5	合作时出现差错扣1分；分工不明确扣1分				
		合计	100					

任务二　认识汽车美容设备与产品

配比轮胎清洁剂工作页

作业前自检			
工作服□	工作鞋□	手套□	口罩□
护目镜□	头灯□	收拾佩戴□	其他_____
作业车辆信息			
车辆型号			
车辆检查			
外观	漆面	正常□　异常□_____	
	玻璃	正常□　异常□_____	
	贴膜	正常□　异常□_____	
	轮胎	正常□　异常□_____	
	轮毂	正常□　异常□_____	
室内	贵重物品	无□　有□_____	
	是否损伤	无□　有□_____	
作业准备			
工具			
美容产品			
作业时间			
作业记录			
序号	作业内容	选用工具	技术要点
1	准备作业材料		
2	确定清洁剂的配比		
3	读懂喷壶上各刻度的含义		
4	根据配比确定清洁剂原液的数量		
5	加注清洁剂原液		
6	添加清水		
7	摇匀后，清洁工位		
工作小结:			

配比轮胎清洁剂评价表

序号	内容	工作标准	分值	评分标准	自评	互评	师评	得分
专业理论									
1	喷壶刻度含义	能够说出喷壶刻度的含义	6	遗漏一个知识点扣2分				
2	汽车美容产品的作用	根据资料能够说出美容产品的作用	10	遗漏一个知识点扣2分				
3	汽车美容设备的作用	根据资料能够说出美容设备的作用	10	遗漏一个知识点扣2分				
作业实施									
1	准备作业材料	齐全、整洁	2	有小水痕和污渍扣1分；缺少扣2分				
2	确定清洁剂的配比	准确无误	2	错误扣2分				
3	读懂喷壶上各刻度的含义	读懂喷壶上各刻度的含义	2	错误扣2分				
4	根据配比确定清洁剂原液的数量	根据配比确定清洁剂原液的数量	2	错误扣2分				
5	加注清洁剂原液	加注清洁剂原液	2	喷溅扣1分；不准确扣2分				
6	添加清水	添加清水	2	喷溅扣1分；不准确扣2分				
7	摇匀后，清洁工位	摇匀后，清洁工位	2	有小水痕和污渍扣1分；未整理扣2分				
素养与安全									
1	工具选择	根据工作要求选择正确的工具，正确地使用所选择的工具	3	选错一次扣1分；使用方法错误扣2分				
2	安全防护	正确选择安全防护用品，做好个人和车辆防护	4	防护不到位扣2分；因防护不到位造成设备和人员损伤直接得0分				
3	场地卫生	及时清扫场地卫生，工具要按标准摆放	3	1件工具未归位扣1分；卫生打扫不及时扣2分				
		合计	50					

项目二　车表清洗

任务一　专业人工清洗（普洗）

专业人工清洗（普洗）工作页

作业前自检			
工作服□	工作鞋□	手套□	口罩□
护目镜□	头灯□	收拾佩戴□	其他_____
作业车辆信息			
车辆型号			
车辆检查			
外观	漆面	正常□　异常□_____	
	玻璃	正常□　异常□_____	
	贴膜	正常□　异常□_____	
	轮胎	正常□　异常□_____	
	轮毂	正常□　异常□_____	
室内	贵重物品	无□　有□_____	
	是否损伤	无□　有□_____	
作业准备			
工具			
美容产品			
作业时间			
作业记录			

序号	作业内容	选用工具	技术要点
1	个人防护		
2	取出脚垫		
3	喷洒预洗液		
4	轮胎和轮毂清洗		

续表

序号	作业内容	选用工具	技术要点
5	高压水枪冲洗车身，冲掉预洗液		
6	喷洒泡沫洗车液		
7	清洗脚垫		
8	羊毛手套擦拭		
9	珊瑚海绵擦拭		
10	高压水枪清洗冲掉泡沫		
11	喷洒驱水蜡		
12	合作大毛巾擦拭车身		
13	黄毛巾脱水		
14	灰毛巾擦拭		
15	内饰清洁		
16	吸尘器吸尘		
17	放回脚垫		
18	玻璃毛巾擦拭		
19	轮胎上蜡		

工作小结：

专业人工清洗（普洗）评价表

序号	内容	工作标准	分值	评分标准	自评	互评	师评	得分
专业理论								
1	洗车的含义	能够说出洗车的含义	5	遗漏一个知识点扣2分				
2	洗车的作用	能够说出洗车的作用	6	遗漏一个知识点扣2分				
3	洗车的内容	能够说出洗车的内容	6	遗漏一个知识点扣2分				
作业实施								
1	车身表面清洁效果	发动机舱盖漆面	2	有小水痕和污渍扣1分；有大水痕和污渍扣2分				
		前车门（左右）漆面	2	有小水痕和污渍扣1分；有大水痕和污渍扣2分				
		后车门（左右）漆面	2	有小水痕和污渍扣1分；有大水痕和污渍扣2分				
		车顶漆面	2	有小水痕和污渍扣1分；有大水痕和污渍扣2分				
		前翼子板（左右）漆面	2	有小水痕和污渍扣1分；有大水痕和污渍扣2分				
		后翼子板（左右）漆面	2	有小水痕和污渍扣1分；有大水痕和污渍扣2分				
		后备箱漆面	2	有小水痕和污渍扣1分；有大水痕和污渍扣2分				
		前中网	2	有小水痕和污渍扣1分；有大水痕和污渍扣2分				
		雨刷	2	有小水痕和污渍扣1分；有大水痕和污渍扣2分				
		牌照（前后）	2	有小水痕和污渍扣1分；有大水痕和污渍扣2分				
		车标、车灯	2	有小水痕和污渍扣1分；有大水痕和污渍扣2分				
		油箱盖	2	有小水痕和污渍扣1分；有大水痕和污渍扣2分				

续表

序号	内容	工作标准	分值	评分标准	自评	互评	师评	得分
1	车身表面清洁效果	中网	2	有小水痕和污渍扣1分；有大水痕和污渍扣2分				
		裙边	2	有小水痕和污渍扣1分；有大水痕和污渍扣2分				
		底边	2	有小水痕和污渍扣1分；有大水痕和污渍扣2分				
		门把手缝	2	有小水痕和污渍扣1分；有大水痕和污渍扣2分				
2	车轮部分清洁效果	轮毂表面	2	有小水痕和污渍扣1分；有大水痕和污渍扣2分				
		轮弧内侧	2	有小水痕和污渍扣1分；有大水痕和污渍扣2分				
		轮毂缝隙	2	有小水痕和污渍扣1分；有大水痕和污渍扣2分				
		轮胎侧面	2	有小水痕和污渍扣1分；有大水痕和污渍扣2分				
3	车内室清洁效果	仪表台	2	有小水痕和污渍扣1分；有大水痕和污渍扣2分				
		座椅	2	有小水痕和污渍扣1分；有大水痕和污渍扣2分				
		后备箱	2	有小水痕和污渍扣1分；有大水痕和污渍扣2分				
		门边脚踏板	2	有小水痕和污渍扣1分；有大水痕和污渍扣2分				
		烟灰缸	2	有小水痕和污渍扣1分；有大水痕和污渍扣2分				
		脚垫及脚垫区域	2	有小水痕和污渍扣1分；有大水痕和污渍扣2分				

续表

序号	内容	工作标准	分值	评分标准	自评	互评	师评	得分
4	全车玻璃清洁效果	前风挡玻璃	2	有小水痕和污渍扣1分；有大水痕和污渍扣2分				
		车前门玻璃	2	有小水痕和污渍扣1分；有大水痕和污渍扣2分				
		车后门玻璃	2	有小水痕和污渍扣1分；有大水痕和污渍扣2分				
		后风挡玻璃	2	有小水痕和污渍扣1分；有大水痕和污渍扣2分				
		化妆镜	2	有小水痕和污渍扣1分；有大水痕和污渍扣2分				
素养与安全								
1	工具选择	根据工作要求选择正确的工具，正确地使用所选择的工具	6	选错一次扣1分；使用方法错误扣2分				
2	安全防护	正确选择安全防护用品，做好个人和车辆防护	5	防护不到位扣2分；因防护不到位造成设备和人员损伤直接得0分				
3	团队合作	配合默契，分工明确	5	双人合作时出现差错扣2分；分工不明确扣2分				
4	场地卫生	及时清扫场地卫生，工具要按标准摆放	5	1件工具未归位扣1分；卫生打扫不及时扣2分				
		合计	100					

任务二 专业人工清洗(精洗)

专业人工清洗(精洗)工作页

作业前自检			
工作服□	工作鞋□	手套□	口罩□
护目镜□	头灯□	收拾佩戴□	其他_____
作业车辆信息			
车辆型号			
车辆检查			
外观	漆面	正常□ 异常□_____	
	玻璃	正常□ 异常□_____	
	贴膜	正常□ 异常□_____	
	轮胎	正常□ 异常□_____	
	轮毂	正常□ 异常□_____	
室内	贵重物品	无□ 有□_____	
	是否损伤	无□ 有□_____	
作业准备			
工具			
美容产品			
作业时间			
作业记录			
序号	作业内容	选用工具	技术要点
1	取出车内物品		
2	取出脚垫		
3	内饰吹尘		
4	内饰清洁		
5	门槛清洁		
6	中控台清洁		
7	清洗座椅		

续表

序号	作业内容	选用工具	技术要点
8	车内吸尘		
9	清洗脚垫		
10	放回脚垫		
11	轮胎轮毂清洁		
12	喷洒泥沙松弛剂		
13	高压冲洗，去除大部分泥沙		
14	喷洒泡沫洗车液		
15	细节清洗		
16	羊毛手套清洗		
17	珊瑚海绵清洁		
18	高压水枪清洗，去除泡沫		
19	喷洒驱水蜡		
20	大毛巾合作擦拭		
21	大毛巾分别擦拭		
22	风枪脱水		
23	灰毛巾擦拭		
24	玻璃毛巾擦拭		
25	轮胎上蜡		
26	车辆竣工		

工作小结：

专业人工清洗（精洗）评价表

序号	内容	工作标准	分值	评分标准	自评	互评	师评	得分
专业理论								
1	能正确描述车表污垢的形成机理	表述准确	3	遗漏一个知识点扣1分				
2	能说出汽车清洁剂的除垢机理	表述准确	3	遗漏一个知识点扣1分				
作业实施								
1	车身表面清洁效果	发动机舱盖漆面	2	有小水痕和污渍扣1分；有大水痕和污渍扣2分				
		前车门（左右）漆面	2	有小水痕和污渍扣1分；有大水痕和污渍扣2分				
		后车门（左右）漆面	2	有小水痕和污渍扣1分；有大水痕和污渍扣2分				
		车顶漆面	2	有小水痕和污渍扣1分；有大水痕和污渍扣2分				
		前翼子板（左右）漆面	2	有小水痕和污渍扣1分；有大水痕和污渍扣2分				
		后翼子板（左右）漆面	2	有小水痕和污渍扣1分；有大水痕和污渍扣2分				
		后备箱漆面	2	有小水痕和污渍扣1分；有大水痕和污渍扣2分				
		前中网	2	有小水痕和污渍扣1分；有大水痕和污渍扣2分				
		雨刷	2	有小水痕和污渍扣1分；有大水痕和污渍扣2分				
		牌照（前后）	2	有小水痕和污渍扣1分；有大水痕和污渍扣2分				
		车标、车灯	2	有小水痕和污渍扣1分；有大水痕和污渍扣2分				
		油箱盖	2	有小水痕和污渍扣1分；有大水痕和污渍扣2分				
		中网	2	有小水痕和污渍扣1分；有大水痕和污渍扣2分				
		裙边	2	有小水痕和污渍扣1分；有大水痕和污渍扣2分				
		底边	2	有小水痕和污渍扣1分；有大水痕和污渍扣2分				
		门把手缝	2	有小水痕和污渍扣1分；有大水痕和污渍扣2分				

续表

序号	内容	工作标准	分值	评分标准	自评	互评	师评	得分
2	车轮部分清洁效果	轮弧内侧	2	有小水痕和污渍扣1分；有大水痕和污渍扣2分				
		轮毂表面	2	有小水痕和污渍扣1分；有大水痕和污渍扣2分				
		轮毂缝隙	2	有小水痕和污渍扣1分；有大水痕和污渍扣2分				
		轮胎侧面	2	有小水痕和污渍扣1分；有大水痕和污渍扣2分				
		螺丝眼	2	有小水痕和污渍扣1分；有大水痕和污渍扣2分				
3	内室清洁效果	仪表台	2	有小水痕和污渍扣1分；有大水痕和污渍扣2分				
		通风口	2	有小水痕和污渍扣1分；有大水痕和污渍扣2分				
		前台储物盒	2	有小水痕和污渍扣1分；有大水痕和污渍扣2分				
		门板储物盒	2	有小水痕和污渍扣1分；有大水痕和污渍扣2分				
		B柱前门上角	2	有小水痕和污渍扣1分；有大水痕和污渍扣2分				
		扶手箱及座椅滑道	2	有小水痕和污渍扣1分；有大水痕和污渍扣2分				
		座椅	2	有小水痕和污渍扣1分；有大水痕和污渍扣2分				
		后备箱	2	有小水痕和污渍扣1分；有大水痕和污渍扣2分				
		天窗边	2	有小水痕和污渍扣1分；有大水痕和污渍扣2分				
		门边、脚踏板	2	有小水痕和污渍扣1分；有大水痕和污渍扣2分				
		地胶	2	有小水痕和污渍扣1分；有大水痕和污渍扣2分				
		烟灰缸	2	垃圾未清理干净扣2分				
		脚垫及脚垫区域	2	有小水痕和污渍扣1分；有大水痕和污渍扣2分				

续表

序号	内容	工作标准	分值	评分标准	自评	互评	师评	得分
4	全车玻璃清洁效果	前风挡玻璃	2	有小水痕和污渍扣1分；有大水痕和污渍扣2分				
		车前门玻璃	2	有小水痕和污渍扣1分；有大水痕和污渍扣2分				
		车后门玻璃	2	有小水痕和污渍扣1分；有大水痕和污渍扣2分				
		后风挡玻璃	2	有小水痕和污渍扣1分；有大水痕和污渍扣2分				
		化妆镜	2	有小水痕和污渍扣1分；有大水痕和污渍扣2分				
		后视镜、镀铬件、玻璃边缝	2	有小水痕和污渍扣1分；有大水痕和污渍扣2分				
素养与安全								
1	工具选择	根据工作要求选择正确的工具，正确地使用所选择的工具	3	选错一次扣1分；使用方法错误扣2分				
2	安全防护	正确选择安全防护用品，做好个人和车辆防护	3	防护不到位扣2分；因防护不到位造成设备和人员损伤直接得0分				
3	团队合作	配合默契，分工明确	4	双人合作时出现差错扣2分；分工不明确扣2分				
4	场地卫生	及时清扫场地卫生，工具要按标准摆放	4	1件工具未归位扣1分；卫生打扫不及时扣2分				
		合计	100					

任务三 汽车底盘清洗

汽车底盘清洗工作页

作业前自检			
工作服□	工作鞋□	手套□	口罩□
护目镜□	头灯□	收拾佩戴□	其他_____
作业车辆信息			
车辆型号			
车辆检查			
外观	漆面	正常□ 异常□_____	
	玻璃	正常□ 异常□_____	
	贴膜	正常□ 异常□_____	
	轮胎	正常□ 异常□_____	
	轮毂	正常□ 异常□_____	
室内	贵重物品	无□ 有□_____	
	是否损伤	无□ 有□_____	
作业准备			
工具			
美容产品			
作业时间			
作业记录			
序号	作业内容	选用工具	技术要点
1	准备作业材料		
2	车辆平稳停放		
3	拆卸左前车轮		

续表

序号	作业内容	选用工具	技术要点
4	检查制动管路、减震器是否有漏油、损坏		
5	预洗轮毂、悬架系统、制动系，清洗轮胎		
6	清洗轮毂、悬架系统、制动系		
7	清洗转向系		
8	清洗传动系		
9	清洗汽车底板		
10	全车竣工检查		

工作小结：

汽车底盘清洗评价表

序号	内容	工作标准	分值	评分标准	自评	互评	师评	得分
专业理论								
1	汽车的组成及其作用	叙述知识点	4	叙述错误一次扣1分，扣完为止				
2	汽车底盘的组成及作用	叙述知识点	4	叙述错误一次扣1分，扣完为止				
3	悬架的分类、组成及作用	叙述知识点	4	叙述错误一次扣1分，扣完为止				
4	车轮拆装的注意事项	叙述知识点	4	叙述错误一次扣1分，扣完为止				
5	汽车底盘清洗	叙述知识点	4	叙述错误一次扣1分，扣完为止				
作业实施								
1	准备作业材料	保障作业实施	5	缺少一项扣1分，扣完为止；准备错误不得分				
2	车辆平稳停放	车辆平稳停放，安装好车轮挡块	4	车轮挡块未安装或安装有缺失，不得分；未检查确认不得分				
3	拆卸左前轮	预松并拆卸车轮	8	没有预松扣2分；工具使用错误扣2分；拆卸车轮未摆放整齐扣2分				
4	检查制动管路、减震器是否有漏油、损坏	各系统无损坏、漏油	8	检查遗漏一处扣2分，扣完为止				
5	预洗轮毂、悬架系统、制动系，清洗轮胎	门板干净、整洁	8	有遗漏或清洁不彻底一处扣2分，扣完为止，方法错误扣2分，门板有损伤不得分				

续表

序号	内容	工作标准	分值	评分标准	自评	互评	师评	得分
6	清洗轮毂、悬架系统、制动系	轮毂、悬架系统、制动系清洁	8	有遗漏或清洁不彻底的，一处扣2分，扣完为止；方法错误扣2分				
7	清洗转向系	转向系清洁，无油污等	8	有遗漏或清洁不彻底的，一处扣2分，扣完为止；方法错误扣2分				
8	清洗传动系	传动系清洁，无油污等	8	有遗漏或清洁不彻底的，一处扣1分，扣完为止；方法错误扣2分；污染其他地方不得分				
9	清洗汽车底板	底板清洁，无油污等	8	有遗漏或清洁不彻底的，一处扣1分，扣完为止；方法错误扣2分；损伤车内其他地方或造成其他地方污染的，不得分				
10	全车竣工检查	车辆清洗整洁，无遗漏，无其他异常	5	有遗漏或清洁不彻底的，一处扣2分，扣完为止				
素养与安全								
1	防护用品使用	按工作需要，正确使用防护用品	4	使用错误不得分；缺少任何一项不得分				
2	个人及设备安全	注意个人安全，安全使用工具和设备	3	违反工具及设备安全使用的，不得分；造成人身及工具和设备出现安全问题的，不得分				
3	学习素养	积极学习，认真参与学习及操作	3	学习过程出现问题，每次扣1分，扣完为止				
		合计	100					

任务四 电脑洗车机清洗

电脑洗车机清洗工作页

作业前自检			
工作服□	工作鞋□	手套□	口罩□
护目镜□	头灯□	收拾佩戴□	其他_____
作业车辆信息			
车辆型号			
车辆检查			
外观	漆面	正常□ 异常□_____	
	玻璃	正常□ 异常□_____	
	贴膜	正常□ 异常□_____	
	轮胎	正常□ 异常□_____	
	轮毂	正常□ 异常□_____	
室内	贵重物品	无□ 有□_____	
	是否损伤	无□ 有□_____	
作业准备			
工具			
美容产品			
作业时间			
作业记录			

序号	作业内容	选用工具	技术要点
1	准备工作		
2	人工预洗		

续表

序号	作业内容	选用工具	技术要点
3	汽车入位		
4	清洗底盘		
5	高压喷水		
6	喷淋泥沙松弛剂		
7	喷淋泡沫洗车液		
8	高压喷水		
9	上蜡护理		
10	风干		

工作小结：

电脑洗车机清洗评价表

序号	内容	工作标准	分值	评分标准	自评	互评	师评	得分
专业理论								
1	电脑洗车机的分类	表述准确	5	遗漏一个知识点扣2分				
2	电脑洗车机的特点	表述准确	5	遗漏一个知识点扣2分				
作业实施								
1	清洗前车辆检查	待洗车辆周边无障碍物	5	做检查正常得分，不检查不得分				
		待洗车辆周边无人员逗留	5					
		待洗车辆的突出物已做处理	5					
2	清洗前设备检查	电量指示灯工作正常	5	做检查正常得分，不检查不得分				
		控制面板钥匙开关正常	5					
		水电气路正常	5					
3	耗材检查	水源供给正常	5	做检查正常得分，不检查不得分				
		泥沙松弛剂液供给正常	5					
		泡沫洗车液供给正常	5					
4	设备操作	正常操作洗车机	15	能正确操作满分；操作步骤有一项错误，扣2分，扣完为止				
素养与安全								
1	安全管理	控制箱内无杂物	5	做检查正常得分，不检查不得分				
		控制箱门已关闭	5					
		控制箱内显示器工作正常	5					
2	施工时间		10	在规定时间内未完成不得分				
3	5S	场地清理、工具归位	5	场地未清理、工具未归位，此项不得分				
		合计	100					

项目三　汽车内饰美容

任务一　汽车内饰清洁养护

汽车内饰清洁与养护工作页

作业前自检			
工作服□	工作鞋□	手套□	口罩□
护目镜□	头灯□	收拾佩戴□	其他_____
作业车辆信息			
车辆型号			
车辆检查			
外观	漆面	正常□　异常□_____	
	玻璃	正常□　异常□_____	
	贴膜	正常□　异常□_____	
	轮胎	正常□　异常□_____	
	轮毂	正常□　异常□_____	
室内	贵重物品	无□　有□_____	
	是否损伤	无□　有□_____	
作业准备			
工具			
美容产品			
作业时间			
作业记录			
序号	作业内容	选用工具	技术要点
1	准备作业材料		
2	取出车内物品		
3	取出脚垫		
4	内饰吹尘		

续表

序号	作业内容	选用工具	技术要点
5	清洁门板		
6	清洁顶棚		
7	清洁A、B、C柱		
8	清洁安全带		
9	车内吸尘		
10	清洁仪表台、出风口		
11	清洁中控台		
12	清洁座椅		
13	清洁行李箱		
14	清洁地毯		
15	清洁脚踏板		
16	内饰上光		
17	真皮座椅上光		
18	清洁玻璃		
19	清洁脚垫		

工作小结：

汽车内饰清洁与养护评价表

序号	内容	工作标准	分值	评分标准	自评	互评	师评	得分
专业理论								
1	汽车内饰清洁养护的作用	叙述知识点	4	叙述错误一次扣1分,扣完为止				
2	车内变脏有异味的原因	叙述知识点	4	叙述错误一次扣1分,扣完为止				
3	车内污垢的种类	叙述知识点	4	叙述错误一次扣1分,扣完为止				
4	车内污垢的去除原理	叙述知识点	4	叙述错误一次扣1分,扣完为止				
5	内饰清洁、养护产品的分类	叙述知识点	4	叙述错误一次扣1分,扣完为止				
作业实施								
1	准备作业材料	保障作业实施	4	缺少一项扣1分,扣完为止;准备错误不得分				
2	取出车内物品	取出车内物品,无遗漏	3	有遗漏一处扣1分,扣完为止;未与客户沟通不得分				
3	取出脚垫	取出脚垫,妥善放置	3	有遗漏一处扣1分,扣完为止;随意堆放不得分				
4	内饰吹尘	内饰干净,无损伤	3	有遗漏或清洁不彻底的,一处扣1分,扣完为止;方法错误扣2分;内饰有损伤不得分				
5	清洁门板	门板干净	3	有遗漏或清洁不彻底的,一处扣1分,扣完为止;方法错误扣2分;门板有损伤不得分				
6	清洁顶棚	顶棚干净	3	有遗漏或清洁不彻底的,一处扣1分,扣完为止;方法错误扣2分;顶棚有损伤不得分				
7	清洁A、B、C柱	A、B、C柱干净	4	有遗漏或清洁不彻底的,一处扣1分,扣完为止;方法错误扣2分,A、B、C柱有损伤不得分				
8	清洁安全带	安全带干净,无污渍	4	有遗漏或清洁不彻底的,一处扣1分,扣完为止;方法错误扣2分;污染其他地方不得分				
9	车内吸尘	车内干净,无灰尘	4	有遗漏或清洁不彻底的,一处扣1分,扣完为止;方法错误扣2分;损伤车内其他地方或造成其他地方污染不得分				

续表

序号	内容	工作标准	分值	评分标准	自评	互评	师评	得分
10	清洁仪表台、出风口	仪表台干净，无灰尘、污渍	4	有遗漏或清洁不彻底的，一处扣1分，扣完为止；方法错误扣2分；仪表台有损坏或污染不得分				
11	清洁中控台	中控台干净，无灰尘、污渍	4	有遗漏或清洁不彻底的，一处扣1分，扣完为止；方法错误扣2分；中控台有损坏或污染不得分				
12	清洁座椅	座椅干净，无污渍	4	有遗漏或清洁不彻底的，一处扣1分，扣完为止；方法错误扣2分；污染其他地方不得分				
13	清洁行李箱	行李箱干净，无杂物、污渍	4	有遗漏或清洁不彻底的，一处扣1分，扣完为止；方法错误扣2分，污染其他地方不得分				
14	清洁地毯	地毯干净，无污渍	4	有遗漏或清洁不彻底的，一处扣1分，扣完为止；方法错误扣2分				
15	清洁脚踏板	脚踏板干净，无污渍	4	有遗漏或清洁不彻底的，一处扣1分，扣完为止；方法错误扣2分				
16	内饰上光	内饰光洁，达到美观效果	4	有遗漏的，一处扣1分，扣完为止；方法错误扣2分				
17	真皮座椅上光	座椅焕然一新，达到美观效果	4	有遗漏的，一处扣1分，扣完为止；方法错误扣2分				
18	清洁玻璃	玻璃干净，无水印等污渍	4	有遗漏的，一处扣1分，扣完为止；方法错误扣2分				
19	清洁脚垫	脚垫干净，无灰尘污渍	3	有遗漏的，一处扣1分，扣完为止；方法错误扣2分				
素养与安全								
1	防护用品使用	按工作需要，正确使用防护用品	4	使用错误不得分；缺少任何一项不得分				
2	个人及设备安全	注意个人安全，安全使用工具及设备	3	违反工具及设备安全使用，不得分；造成人身及工具和设备出现安全问题的，不得分				
3	学习素养	积极学习，认真参与学习及操作	3	学习过程出现问题，每次扣1分，扣完为止				
		合计	100					

任务二　汽车室内消毒净化

汽车室内消毒净化工作页

作业前自检			
工作服□	工作鞋□	手套□	口罩□
护目镜□	头灯□	收拾佩戴□	其他_____
作业车辆信息			
车辆型号			
车辆检查			
外观	漆面	正常□　异常□_____	
	玻璃	正常□　异常□_____	
	贴膜	正常□　异常□_____	
	轮胎	正常□　异常□_____	
	轮毂	正常□　异常□_____	
室内	贵重物品	无□　有□_____	
	是否损伤	无□　有□_____	
作业准备			
工具			
美容产品			
作业时间			
作业记录			
序号	作业内容	选用工具	技术要点
1	清洁护理		
2	消毒作业　高温蒸汽杀菌消毒净化处理		
	消毒作业　臭氧杀菌消毒净化处理		
3	空气净化　高温蒸汽杀菌消毒净化处理		
	空气净化　臭氧杀菌消毒净化处理		
4	收尾工作		
工作小结：			

汽车室内消毒净化评价表

序号	内容	工作标准	分值	评分标准	自评	互评	师评	得分
专业理论								
1	汽车室内空气污染的来源	表述准确	5	遗漏一个知识点扣2分				
2	汽车室内消毒净化的方法	表述准确	5	遗漏一个知识点扣2分				
作业实施								
1	清洁护理	完成汽车内饰吸尘、清洁	40	按照车表清洗流程清洗车辆,具体参见车表清洗评分表				
2	消毒	能操作高温蒸汽消毒设备对汽车室内进行消毒	20	不能正确操作设备扣10分;消毒位置或方法不正确,扣10分				
3	空气净化	改善汽车室内空气环境	10	采用通风换气此项得5分;采用空调内循环方式此项得10分				
4	收尾工作	工具归位、工位清扫	10	设备未归位扣5分;工位未清扫扣5分				
素养与安全								
1	安全与管理	安全操作	5	出现违反安全操作规范的操作,此项不得分				
2	施工时效	在规定时间内完成	5	未在30分钟内完成,此项不得分				
		合计	100					

任务三　发动机舱清洁养护

发动机舱清洁养护工作页

作业前自检			
工作服□	工作鞋□	手套□	口罩□
护目镜□	头灯□	收拾佩戴□	其他_____
作业车辆信息			
车辆型号			
车辆检查			
外观	漆面	正常□　异常□_____	
	玻璃	正常□　异常□_____	
	贴膜	正常□　异常□_____	
	轮胎	正常□　异常□_____	
	轮毂	正常□　异常□_____	
室内	贵重物品	无□　有□_____	
	是否损伤	无□　有□_____	
作业准备			
工具			
美容产品			
作业时间			
作业记录			
序号	作业内容	选用工具	技术要点
1	车辆遮蔽		
2	吹尘枪吹灰		
3	发动机舱盖内侧清洗		

续表

序号	作业内容	选用工具	技术要点
4	舱盖内侧脱水		
5	刷洗导水槽		
6	冲洗导水槽		
7	清洁剂喷洒		
8	脏污刷洗		
9	发动机清洗枪清洗		
10	吹尘枪脱水		
11	灰毛巾擦拭		
12	发动机舱镀膜		
13	打蜡棉擦拭		
14	竣工检查		

工作小结：

发动机舱清洁养护评价表

序号	内容	工作标准	分值	评分标准	自评	互评	师评	得分
专业理论								
1	发动机舱清洁养护的意义	能够描述发动机舱美容的意义	5	遗漏一个知识点扣2分				
2	发动机舱污垢的种类	能够说出发动机舱污垢的种类	5	遗漏一个知识点扣2分				
作业实施								
1	验车	检查发动机有无损坏和瑕疵	5	未检测损伤和瑕疵的,一处扣1分,扣完为止				
2	发动机舱遮蔽	对发动机舱进行遮蔽	10	遮蔽有遗漏的,一处扣2分,扣完为止				
3	发动机舱盖清洗效果	发动机舱盖边框	6	一处小水痕和污渍扣1分,一处大水痕和污渍扣2分,扣完为止				
3	发动机舱盖清洗效果	发动机舱盖内侧	6	一处小水痕和污渍扣1分,一处大水痕和污渍扣2分,扣完为止				
3	发动机舱盖清洗效果	发动机支撑杆	6	一处小水痕和污渍扣1分,一处大水痕和污渍扣2分,扣完为止				
4	发动机舱清洁效果	流水水槽	6	一处小水痕和污渍扣1分,一处大水痕和污渍扣2分,扣完为止				
4	发动机舱清洁效果	两侧边框	6	一处小水痕和污渍扣1分,一处大水痕和污渍扣2分,扣完为止				
4	发动机舱清洁效果	水箱框架上部	6	一处小水痕和污渍扣1分,一处大水痕和污渍扣2分,扣完为止				
4	发动机舱清洁效果	发动机表面	6	一处小水痕和污渍扣1分,一处大水痕和污渍扣2分,扣完为止				
4	发动机舱清洁效果	发动机四周	6	一处小水痕和污渍扣1分,一处大水痕和污渍扣2分,扣完为止				

续表

序号	内容	工作标准	分值	评分标准	自评	互评	师评	得分
4	发动机舱清洁效果	发动机舱内表面	6	一处小水痕和污渍扣1分，一处大水痕和污渍扣2分，扣完为止				
		发动机舱内缝隙	6	一处小水痕和污渍扣1分，一处大水痕和污渍扣2分，扣完为止				
素养与安全								
1	工具选择	根据工作要求选择正确的工具，正确地使用所选择的工具	5	选错一次扣1分；使用方法错误扣2分				
2	安全防护	正确选择安全防护用品，做好个人和车辆防护	5	防护不到位扣2分；因防护不到位造成设备和人员损伤直接得0分				
3	场地卫生	及时清扫场地卫生，工具要按标准摆放	5	一件工具未归位扣1分；卫生打扫不及时扣2分				
		合计	100					

项目四　汽车漆面美容

任务一　漆面抛光

漆面抛光工作页

作业前自检			
工作服□	工作鞋□	手套□	口罩□
护目镜□	头灯□	收拾佩戴□	其他_____
作业车辆信息			
车辆型号			
车辆检查			
外观	漆面	正常□　异常□_____	
	玻璃	正常□　异常□_____	
	贴膜	正常□　异常□_____	
	轮胎	正常□　异常□_____	
	轮毂	正常□　异常□_____	
室内	贵重物品	无□　有□_____	
	是否损伤	无□　有□_____	
作业准备			
工具			
美容产品			
作业时间			
作业记录			

序号	作业内容	选用工具	技术要点
1	彻底清洗车辆		
2	检查车漆		
3	去除柏油、不干胶印		

续表

序号	作业内容	选用工具	技术要点
4	去除虫尸和树胶		
5	去除铁粉和铁锈痕迹		
6	遮蔽膜遮蔽车窗		
7	遮蔽前大灯、车牌、前脸、车灯、车标及装饰条		
8	遮蔽后视镜、门把手和车侧面装饰条		
9	遮蔽车辆后尾灯、装饰条、车牌		
10	彻底清洗车辆		
11	去除漆面氧化层		
12	车辆遮蔽		
13	抛光灯检查漆面		
14	漆面抛光		
15	漆面还原		
16	漆面清洗		

工作小结：

漆面抛光评价表

序号	内容	工作标准	分值	评分标准	自评	互评	师评	得分
\multicolumn{9}{c}{专业理论}							
1	抛光的作用	叙述知识点	4	叙述错误一次扣1分，扣完为止				
2	抛光的原理	叙述知识点	4	叙述错误一次扣1分，扣完为止				
3	抛光的方法	叙述知识点	4	叙述错误一次扣1分，扣完为止				
4	抛光的注意事项	叙述知识点	4	叙述错误一次扣1分，扣完为止				
5	漆面划痕的类别及分辨	叙述知识点	4	叙述错误一次扣1分，扣完为止				
\multicolumn{9}{c}{作业实施}							
1	准备作业材料	保障作业实施	4	缺少一项扣1分，扣完为止；准备错误不得分				
2	彻底清洗车辆	彻底清洗车辆，无遗漏，车体干净整洁	4	清洁不彻底一次扣1分；整体效果差不得分				
3	检查车漆	车漆检查无遗漏，彻底清洁污渍	4	车漆一处扣1分，车漆污渍清洁不彻底一处扣1分，整体效果差不得分				
4	去除柏油、不干胶印	柏油及不干胶印去除彻底	4	去除有遗漏一处扣1分，整体效果差不得分				
5	去除虫尸和树胶	虫尸和树胶去除彻底	4	去除有遗漏一处扣1分，整体效果差不得分				
6	去除铁粉和铁锈痕迹	铁粉和铁锈痕迹去除彻底	4	去除有遗漏一处扣1分，整体效果差不得分				
7	遮蔽膜遮蔽车窗	遮蔽车窗	4	遮蔽有遗漏一处扣1分，遮蔽效果差、裸露较多不得分				
8	遮蔽前大灯、车牌、前脸、车灯、车标及装饰条	遮蔽前大灯、车牌、前脸、车灯、车标及装饰条	4	遮蔽有遗漏一处扣1分，遮蔽效果差、裸露较多不得分				

续表

序号	内容	工作标准	分值	评分标准	自评	互评	师评	得分
9	遮蔽后视镜、门把手和车侧面装饰条	遮蔽后视镜、门把手和车侧面装饰条	4	遮蔽有遗漏一处扣1分,遮蔽效果差、裸露较多不得分				
10	遮蔽对车辆后尾灯、装饰条、车牌	遮蔽对车辆后尾灯、装饰条、车牌	4	遮蔽有遗漏一处扣1分,遮蔽效果差、裸露较多不得分				
11	彻底清洗车辆	彻底清洗车辆,无遗漏,车体干净整洁	3	清洁不彻底一次扣1分,整体效果差不得分				
12	去除漆面氧化层	漆面氧化层去除彻底	5	去除有遗漏一处扣1分;整体效果差不得分				
13	车辆遮蔽	遮蔽除施工区域以外的区域	4	遮蔽有遗漏一处扣1分;遮蔽效果差、裸露较多不得分				
14	抛光灯检查漆面	检查漆面异常情况	4	检查有遗漏一处扣1分;去除效果影响整体施工不得分				
15	漆面抛光	抛光漆面,为下一步施工做好准备	5	抛光机操作错误不得分;抛光有遗漏一处扣1分;整体抛光效果差不得分				
16	漆面还原	细抛漆面,达到漆面还原效果	5	抛光机操作错误不得分;抛光有遗漏一处扣1分;整体抛光效果差不得分				
17	漆面清洗	彻底清洗车辆,无遗漏,车体干净整洁	4	清洁不彻底一次扣1分;整体效果差不得分				
素养与安全								
1	防护用品使用	按工作需要,正确使用防护用品	4	使用错误不得分;缺少任何一项不得分				
2	个人及设备安全	注意个人安全,安全使用工具及设备	3	违反工具及设备安全使用,不得分,造成人身及工具设备出现安全问题的,不得分				
3	学习素养	积极学习,认真参与学习及操作	3	学习过程出现问题,每次扣1分,扣完为止				
		合计	100					

任务二 漆面上蜡

漆面上蜡工作页

作业前自检			
工作服□	工作鞋□	手套□	口罩□
护目镜□	头灯□	收拾佩戴□	其他_____
作业车辆信息			
车辆型号			
车辆检查			
外观	漆面	正常□ 异常□_____	
	玻璃	正常□ 异常□_____	
	贴膜	正常□ 异常□_____	
	轮胎	正常□ 异常□_____	
	轮毂	正常□ 异常□_____	
室内	贵重物品	无□ 有□_____	
	是否损伤	无□ 有□_____	
作业准备			
工具			
美容产品			
作业时间			

续表

		作业记录	
序号	作业内容	选用工具	技术要点
1	清洗车辆		
2	手工上蜡		
3	手工下蜡抛光		
4	遮蔽		
5	机器上蜡		
6	机器下蜡抛光		
7	清除残留蜡迹		
8	5S 整理		

工作小结:

漆面上蜡评价表

序号	内容	工作标准	分值	评分标准	自评	互评	师评	得分
专业理论								
1	什么是车蜡	叙述知识点	5	叙述错误一次扣1分，扣完为止				
2	车蜡的种类	叙述知识点	5	叙述错误一次扣1分，扣完为止				
3	车蜡的作用	叙述知识点	5	叙述错误一次扣1分，扣完为止				
4	打蜡的方法	叙述知识点	5	叙述错误一次扣1分，扣完为止				
作业实施								
1	准备作业材料	保障作业实施	6	缺少一项扣1分，扣完为止；准备错误不得分				
2	清洗车辆	彻底清洗车辆，无遗漏，车体干净	4	清洁不彻底一次扣1分；整体效果差不得分				
3	手工上蜡	上蜡均匀，无遗漏，减少对其他区域的污染	10	上蜡不均匀一处扣1分；遗漏一处扣1分；污染其他区域一次扣1分				
4	手工下蜡抛光	抛光均匀，无遗漏，达到抛光效果	10	抛光不均匀一处扣1分；遗漏一处扣1分；污染其他区域一次扣1分				
5	车辆遮蔽	遮蔽除施工区域以外的区域	10	遮蔽有遗漏一处扣1分；遮蔽效果差、裸露较多不得分				
6	机器上蜡	上蜡均匀，无遗漏，减少对其他区域的污染	9	上蜡不均匀一处扣1分；遗漏一处扣1分；污染其他区域一次扣1分				
7	机器下蜡抛光	抛光机使用正确，抛光均匀，无遗漏，达到抛光效果	10	抛光机操作错误不得分；抛光有遗漏一处扣1分；整体抛光效果差不得分				
8	清除残留蜡迹	清除车漆边缘和缝隙处残留的蜡	9	车蜡残留一处扣1分，扣完为止；清理完发现有遗漏不得分				
9	5S整理	整理工位	2	一处未整理扣1分；未整理不得分				
素养与安全								
1	防护用品使用	按工作需要，正确使用防护用品	4	使用错误不得分；缺少任何一项不得分				
2	个人及设备安全	注意个人安全，安全使用工具及设备	3	违反工具及设备安全使用不得分；造成人身及工具设备出现安全问题的，不得分				
3	学习素养	积极学习，认真参与学习及操作	3	学习过程出现问题，每次扣1分，扣完为止				
		合计	100					

任务三　漆面镀晶

漆面镀晶工作页

作业前自检			
工作服□	工作鞋□	手套□	口罩□
护目镜□	头灯□	收拾佩戴□	其他_____
作业车辆信息			
车辆型号			
车辆检查			
外观	漆面	正常□　异常□_____	
	玻璃	正常□　异常□_____	
	贴膜	正常□　异常□_____	
	轮胎	正常□　异常□_____	
	轮毂	正常□　异常□_____	
室内	贵重物品	无□　有□_____	
	是否损伤	无□　有□_____	
作业准备			
工具			
美容产品			
作业时间			
作业记录			
序号	作业内容	选用工具	技术要点
1	遮蔽车辆		
2	漆面脱脂		
3	漆面镀晶		
4	下晶		
工作小结：			

漆面镀晶评价表

序号	内容	工作标准	分值	评分标准	自评	互评	师评	得分
专业理论								
1	漆面镀晶的作用及特点	叙述知识点	6	叙述错误一次扣1分，扣完为止				
2	镀晶与封釉的区别	叙述知识点	6	叙述错误一次扣1分，扣完为止				
3	汽车镀晶产品种类	叙述知识点	8	叙述错误一次扣1分，扣完为止				
作业实施								
1	遮蔽车辆	遮蔽除施工区域以外的区域	10	遮蔽有遗漏一处扣2分；遮蔽效果差、裸露较多不得分				
2	漆面脱脂	漆面污渍去除彻底	15	去除有遗漏一处扣2分；整体效果差不得分				
3	漆面镀晶	漆面镀晶，达到漆面镀晶效果	20	镀晶操作错误不得分；镀晶有遗漏一处扣2分；整体镀晶效果差不得分				
4	漆面下晶	漆面完全擦亮，无任何痕迹残留	15	有痕迹残留一处扣2分；漆面未达到效果不得分				
5	5S整理	整理工位	10	一处未整理扣1分；未整理不得分				
素养与安全								
1	防护用品使用	按工作需要，正确使用防护用品	4	使用错误不得分；缺少任何一项不得分				
2	个人及设备安全	注意个人安全，安全使用工具及设备	3	违反工具及设备安全使用的，不得分；造成人身及工具设备出现安全问题的，不得分				
3	学习素养	积极学习，认真参与学习及操作	3	学习过程出现问题，每次扣1分，扣完为止				
		合计	100					

项目五　车身附属件美容

任务一　玻璃美容

玻璃美容工作页

作业前自检			
工作服☐	工作鞋☐	手套☐	口罩☐
护目镜☐	头灯☐	收拾佩戴☐	其他＿＿＿＿
作业车辆信息			
车辆型号			
车辆检查			
外观	漆面	正常☐　异常☐＿＿＿＿	
	玻璃	正常☐　异常☐＿＿＿＿	
	贴膜	正常☐　异常☐＿＿＿＿	
	轮胎	正常☐　异常☐＿＿＿＿	
	轮毂	正常☐　异常☐＿＿＿＿	
室内	贵重物品	无☐　有☐＿＿＿＿	
	是否损伤	无☐　有☐＿＿＿＿	
作业准备			
工具			
美容产品			
作业时间			

续表

作业记录			
序号	作业内容	选用工具	技术要点
1	全车清洗/玻璃清洁		
2	玻璃清洁		
3	清洁前风挡玻璃		
4	清洁后风挡玻璃		
5	维护检查		
6	准备驱水剂		
7	喷洒驱水剂		
8	毛巾擦拭		
9	防雾处理		
10	遮蔽		
11	抛光处理		
12	玻璃镀膜		
13	5S整理		

工作小结：

玻璃美容评价表

序号	内容	工作标准	分值	评分标准	自评	互评	师评	得分
专业理论								
1	玻璃的概念	叙述知识点	4	叙述错误一次扣1分，扣完为止				
2	玻璃的组成	叙述知识点	4	叙述错误一次扣1分，扣完为止				
3	玻璃的性能特点	叙述知识点	4	叙述错误一次扣1分，扣完为止				
4	汽车玻璃的种类	叙述知识点	4	叙述错误一次扣1分，扣完为止				
5	玻璃在汽车上的应用	叙述知识点	4	叙述错误一次扣1分，扣完为止				
作业实施								
1	全车清洗/玻璃清洁	彻底清洗车辆，无遗漏，车体玻璃清洁	5	清洁不彻底一次扣1分；整体效果差不得分				
2	玻璃清洁	玻璃清洁，无污渍，无遗漏	5	清洁遗漏一处扣1分，扣完为止；清洁不彻底不得分				
3	清洁前风挡玻璃	玻璃清洁，无污渍，无遗漏	5	清洁遗漏一处扣1分，扣完为止；清洁不彻底不得分				
4	清洁后风挡玻璃	玻璃清洁，无污渍、无遗漏	5	清洁遗漏一处扣1分，扣完为止；清洁不彻底不得分，清洁剂使用错误不得分				
5	维护检查	检查喷水器、雨刮器的工况及储液罐液面高度	6	检查遗漏一处扣1分，扣完为止；检查不准确一项扣2分				
6	准备驱水剂	按要求准备驱水剂	5	未摇动驱水剂不得分				
7	喷洒驱水剂	喷洒驱水剂	5	喷洒遗漏一处扣1分；喷洒不均匀扣2分				
8	毛巾擦拭	擦净玻璃表面	6	擦拭遗漏一处扣1分；擦拭不均匀扣2分；未静置后再擦拭不得分				
9	防雾处理	均匀喷洒防雾剂并擦拭干净	6	喷洒、擦拭遗漏一处扣1分；擦拭不均匀扣2分；未静置后再擦拭不得分				

续表

序号	内容	工作标准	分值	评分标准	自评	互评	师评	得分
10	遮蔽	遮蔽除施工区域以外的区域	6	遮蔽有遗漏一处扣1分；遮蔽效果差、裸露较多不得分				
11	抛光处理	喷洒玻璃研磨剂，进行抛光	6	喷洒不均匀一处扣1分；抛光机使用错误扣2分；抛光不均匀一处扣1分；抛光效果差不得分				
12	玻璃镀膜	喷洒镀膜剂，进行基层镀膜和外层镀膜	6	镀膜方法错误扣2分；未干燥静置不得分；镀膜效果差不得分				
13	5S整理	整理工位	4	一处未整理扣1分；未整理不得分				
素养与安全								
1	防护用品使用	按工作需要，正确使用防护用品	4	使用错误不得分；缺少任何一项不得分				
2	个人及设备安全	注意个人安全，安全使用工具及设备	3	违反工具及设备安全使用的，不得分；造成人身及工具设备出现安全问题的，不得分				
3	学习素养	积极学习，认真参与学习及操作	3	学习过程出现问题，每次扣1分，扣完为止				
		合计	100					

任务二 塑料件美容

塑料件美容工作页

作业前自检			
工作服□	工作鞋□	手套□	口罩□
护目镜□	头灯□	收拾佩戴□	其他_____
作业车辆信息			
车辆型号			
车辆检查			
外观	漆面	正常□ 异常□_____	
	玻璃	正常□ 异常□_____	
	贴膜	正常□ 异常□_____	
	轮胎	正常□ 异常□_____	
	轮毂	正常□ 异常□_____	
室内	贵重物品	无□ 有□_____	
	是否损伤	无□ 有□_____	
作业准备			
工具			
美容产品			
作业时间			
作业记录			
序号	作业内容	选用工具	技术要点
1	全车清洗		
2	精洗塑料件		
3	喷护理剂		
4	塑料件保护翻新		
5	5S 整理		

工作小结：

塑料件美容评价表

序号	内容	工作标准	分值	评分标准	自评	互评	师评	得分
专业理论								
1	塑料的性能	叙述知识点	5	叙述错误一次扣1分，扣完为止				
2	塑料的组成	叙述知识点	5	叙述错误一次扣1分，扣完为止				
3	塑料的分类	叙述知识点	5	叙述错误一次扣1分，扣完为止				
4	塑料在汽车上的应用	叙述知识点	5	叙述错误一次扣1分，扣完为止				
作业实施								
1	全车清洗	彻底清洗车辆，无遗漏	20	清洁不彻底一次扣1分；整体效果差不得分				
2	精洗塑料件	塑料件清洁，无污渍，无遗漏	15	清洁遗漏一处扣1分，扣完为止；清洁不彻底不得分				
3	喷护理剂	喷洒护理剂，无遗漏	15	喷洒遗漏一处扣1分，扣完为止；清洁不彻底不得分				
4	塑料件保护翻新	塑料件达到翻新效果	15	翻新遗漏一处扣1分，扣完为止；清洁不彻底不得分；清洁剂使用错误不得分				
5	5S整理	整理工位	5	一处未整理扣1分；未整理不得分				
素养与安全								
1	防护用品使用	按工作需要，正确使用防护用品	4	使用错误不得分；缺少任何一项不得分				
2	个人及设备安全	注意个人安全，安全使用工具及设备	3	违反工具及设备安全使用的，不得分；造成人身及工具设备出现安全问题的，不得分				
3	学习素养	积极学习，认真参与学习及操作	3	学习过程出现问题，每次扣1分，扣完为止				
		合计	100					

任务三 橡胶件美容

橡胶件美容工作页

作业前自检			
工作服□	工作鞋□	手套□	口罩□
护目镜□	头灯□	收拾佩戴□	其他_____
作业车辆信息			
车辆型号			

车辆检查		
外观	漆面	正常□ 异常□_____
	玻璃	正常□ 异常□_____
	贴膜	正常□ 异常□_____
	轮胎	正常□ 异常□_____
	轮毂	正常□ 异常□_____
室内	贵重物品	无□ 有□_____
	是否损伤	无□ 有□_____

作业准备	
工具	
美容产品	
作业时间	

作业记录			
序号	作业内容	选用工具	技术要点
1	车表清洗/车轮冲洗		
2	轮胎检查		
3	清洗轮胎		
4	清洗轮辋		
5	上光保护		

工作小结:

橡胶件美容评价表

序号	内容	工作标准	分值	评分标准	自评	互评	师评	得分
专业理论								
1	橡胶件组成及分类	能正确说出橡胶件组成及分类	5	遗漏一个知识点扣2分				
2	轮胎清洗的流程和注意事项	能够说出轮胎清洗的流程和注意事项	5	遗漏一个知识点扣2分				
作业实施								
1	轮胎清洁保护	胎纹中石子清除，轮胎上沥青清除，轮胎上污渍清除	5	一处不规范扣5分				
2	轮辋清洁	轮辋表面无污物，无水痕	5	一处不规范扣5分				
3	清洁保护效果	上光蜡涂抹均匀，喷洒时距离适当，擦拭时方法得当，擦拭均匀，上光均匀效果明显	20	发现瑕疵和痕迹不得分				
素养与安全								
1	工具选择	根据工作要求选择正确的工具，正确地使用所选择的工具	5	选错一次扣1分；使用方法错误扣2分				
2	安全防护	正确选择安全防护用品，做好个人和车辆防护	3	防护不到位扣2分；因防护不到位造成设备和人员损伤直接得0分				
3	场地卫生	及时清扫场地卫生，工具要按标准摆放	2	一件工具未归位扣1分；卫生打扫不及时扣2分				
		合计	50					

任务四 电镀件美容

电镀件美容工作页

作业前自检			
工作服□	工作鞋□	手套□	口罩□
护目镜□	头灯□	收拾佩戴□	其他_____
作业车辆信息			
车辆型号			
车辆检查			
外观	漆面	正常□ 异常□_____	
	玻璃	正常□ 异常□_____	
	贴膜	正常□ 异常□_____	
	轮胎	正常□ 异常□_____	
	轮毂	正常□ 异常□_____	
室内	贵重物品	无□ 有□_____	
	是否损伤	无□ 有□_____	
作业准备			
工具			
美容产品			
作业时间			
作业记录			
序号	作业内容	选用工具	技术要点
1	车表清洗（普洗）/电镀件初洗		
2	除锈作业		
3	电镀件美容护理		
工作小结：			

电镀件美容评价表

序号	内容	工作标准	分值	评分标准	自评	互评	师评	得分
专业理论								
1	电镀材料生锈的原因	能正确说出电镀材料生锈的原因	5	遗漏一个知识点扣2分				
2	电镀材料的优点	能正确说出电镀材料的优点	5	遗漏一个知识点扣2分				
3	电镀件的美容方法	能正确说出电镀件的美容方法	5	遗漏一个知识点扣2分				
作业实施								
1	镀铬件清洁	无水痕，无污渍，对损伤和污渍判断准确	5	一处不规范扣2分				
2	护理剂喷涂及处理	喷涂均匀，擦拭干净，细节要一点点擦洗，擦拭干净细节	5	一处不规范扣2分				
3	镀铬件美容效果	损伤修复完整，美容效果好，无痕迹	5	发现瑕疵和痕迹不得分				
素养与安全								
1	工具选择	根据工作要求选择正确的工具，正确地使用所选择的工具	10	选错一次扣1分；使用方法错误扣2分				
2	安全防护	正确选择安全防护用品，做好个人和车辆防护	5	防护不到位扣2分；因防护不到位造成设备及人员损伤直接得0分				
3	场地卫生	及时清扫场地卫生，工具要按标准摆放	5	一件工具未归位扣1分；卫生打扫不及时扣2分				
		合计	50					

项目六　汽车防护

任务一　装贴太阳膜

装贴太阳膜工作页

作业前自检			
工作服□	工作鞋□	手套□	口罩□
护目镜□	头灯□	收拾佩戴□	其他_____
作业车辆信息			
车辆型号			
车辆检查			
外观	漆面	正常□　异常□_____	
	玻璃	正常□　异常□_____	
	贴膜	正常□　异常□_____	
	轮胎	正常□　异常□_____	
	轮毂	正常□　异常□_____	
室内	贵重物品	无□　有□_____	
	是否损伤	无□　有□_____	
作业准备			
工具设备			
美容产品			
作业时间			

续表

作业记录				
序号	作业内容	选用工具	技术要点	
1	门板防护			
2	玻璃密封条防护			
3	打样板			
4	裁膜（粗裁）			
5	玻璃清洁			
6	裁膜（精裁）			
7	烘烤定型			
8	玻璃内表面清洁			
9	降尘			
10	揭膜			
11	上膜定位			
12	膜片整体定位			
13	水分挤压			
14	收边			
15	局部修正			

工作小结：

装贴太阳膜评价表

序号	内容	工作标准	分值	评分标准	自评	互评	师评	得分
专业理论								
1	太阳膜的发展史	表述准确	5	遗漏一个知识点扣2分				
2	太阳膜的作用	表述准确	5	遗漏一个知识点扣2分				
作业实施								
1	车门及仪表台遮蔽	遮蔽完整，无遗漏	5	遗漏一处扣2分，扣完为止				
2	清洗装贴部位	无灰尘，无杂质	5	一处清洗不干净，扣2分，扣完为止				
3	裁膜准确度	粗裁和精裁尺寸	5	尺寸小，此项不得分；尺寸大于规定尺寸，每多1mm扣1分				
4	烤膜定型	膜平整，膜胶条无烤焦	10	不平整或者烤焦，此项不得分				
5	太阳膜装贴	无划伤	5	如有划伤，此项不得分				
		无尘点	5	如有尘点，此项不得分				
		无水泡	5	如有水泡，此项不得分				
		无气泡	5	如有气泡，此项不得分				
		塞边处理	10	一处边角翘曲、气泡、水泡等，扣2分，扣完为止				
		无褶皱	5	一处褶皱扣2分，扣完为止				
		无太阳膜破损	20	如有破损，此项不得分				
素养与安全								
1	工具选择	根据工作要求选择正确的工具，正确地使用所选择的工具	4	选错一次扣1分；使用方法错误扣2分				
2	安全防护	正确选择安全防护用品，做好个人和车辆防护	3	防护不到位扣2分；因防护不到位造成设备及人员损伤直接得0分				
3	场地卫生	及时清扫场地卫生，工具要按标准摆放	3	一件工具未归位扣1分；卫生打扫不及时扣2分				
		合计	100					

任务二　装贴隐形车衣

装贴隐形车衣工作页

作业前自检			
工作服□	工作鞋□	手套□	口罩□
护目镜□	头灯□	收拾佩戴□	其他_____
作业车辆信息			
车辆型号			
车辆检查			
外观	漆面	正常□　异常□_____	
	玻璃	正常□　异常□_____	
	贴膜	正常□　异常□_____	
	轮胎	正常□　异常□_____	
	轮毂	正常□　异常□_____	
室内	贵重物品	无□　有□_____	
	是否损伤	无□　有□_____	
作业准备			
工具设备			
美容产品			
作业时间			

续表

		作业记录	
序号	作业内容	选用工具	技术要点
1	漆面深度清洗		
2	隐形车衣剪裁		
3	贴膜准备		
4	揭膜喷水去除透明膜底纸		
5	拉伸定型		
6	施工刮水		
7	精裁收边包边		
8	质检		
9	整理工具		

工作小结：

装贴隐形车衣评价表

序号	内容	工作标准	分值	评分标准	自评	互评	师评	得分
专业理论								
1	隐形车衣的作用	表述准确	5	遗漏一个知识点扣2分				
2	隐形车衣的品牌	表述准确	5	遗漏一个知识点扣2分				
作业实施								
1	准备工作	无佩戴首饰	5	有一处扣5分				
2	清洗装贴部位	无灰尘，无杂质	5	一处清洗不干净，扣2分，扣完为止				
3	裁膜准确度	粗裁和精裁尺寸	5	尺寸小，此项不得分；尺寸大于规定尺寸，每多1mm扣1分				
4	隐形车衣装贴	无划伤	5	如有划伤，此项不得分				
		无尘点	5	如有尘点，此项不得分				
		无水泡	5	如有水泡，此项不得分				
		无气泡	5	如有气泡，此项不得分				
		包边处理	10	一处边角翘曲、气泡、水泡等，扣2分，扣完为止				
		橘皮	5	一处橘皮扣2分，扣完为止				
		漆面划伤	15	如有划伤，此项不得分				
		胶印	5	有一处扣2分，扣完为止				
		膜面涂层断裂	10	如有断裂，此项不得分				
素养与安全								
1	工具选择	根据工作要求选择正确的工具，正确地使用所选择的工具	4	选错一次扣1分；使用方法错误扣2分				
2	安全防护	正确选择安全防护用品，做好个人和车辆防护	3	防护不到位扣2分；因防护不到位造成设备及人员损伤直接得0分				
3	场地卫生	及时清扫场地卫生，工具要按标准摆放	3	一件工具未归位扣1分；卫生打扫不及时扣2分				
		合计	100					

任务三 装贴改色膜

装贴改色膜工作页

作业前自检			
工作服□	工作鞋□	手套□	口罩□
护目镜□	头灯□	收拾佩戴□	其他_____
作业车辆信息			
车辆型号			
车辆检查			
外观	漆面	正常□ 异常□_____	
	玻璃	正常□ 异常□_____	
	贴膜	正常□ 异常□_____	
	轮胎	正常□ 异常□_____	
	轮毂	正常□ 异常□_____	
室内	贵重物品	无□ 有□_____	
	是否损伤	无□ 有□_____	
作业准备			
工具设备			
美容产品			
作业时间			

续表

		作业记录	
序号	作业内容	选用工具	技术要点
1	车门漆面清洁		
2	测量裁膜		
3	揭膜覆膜		
4	定位赶膜		
5	粗裁包边包角		
6	精裁		
7	热定型		
8	清洁质检		

工作小结:

装贴改色膜评价表

序号	内容	工作标准	分值	评分标准	自评	互评	师评	得分
专业理论								
1	改色膜的分类	表述准确	5	遗漏一个知识点扣2分				
2	改色膜的特点	表述准确	5	遗漏一个知识点扣2分				
作业实施								
1	准备工作	无佩戴首饰	5	有一处扣5分				
2	清洗装贴部位	无灰尘、无杂质	5	一处清洗不干净，扣2分，扣完为止				
3	裁膜准确度	粗裁和精裁尺寸	5	尺寸小，此项不得分；尺寸大于规定尺寸，每多1mm扣1分				
4	隐形车衣装贴	无划伤	5	如有划伤，此项不得分				
		无尘点	5	如有尘点，此项不得分				
		无水泡	5	如有水泡，此项不得分				
		无气泡	5	如有气泡，此项不得分				
		包边处理	10	一处边角翘曲、气泡、水泡等，扣2分，扣完为止				
		橘皮	5	一处橘皮扣2分，扣完为止				
		漆面划伤	15	如有划伤，此项不得分				
		胶印	5	有一处扣2分，扣完为止				
		膜面涂层断裂	10	如有断裂，此项不得分				
素养与安全								
1	工具选择	根据工作要求选择正确的工具，正确地使用所选择的工具	4	选错一次扣1分；使用方法错误扣2分				
2	安全防护	正确选择安全防护用品，做好个人和车辆防护	3	防护不到位扣2分；因防护不到位造成设备及人员损伤直接得0分				
3	场地卫生	及时清扫场地卫生，工具要按标准摆放	3	一件工具未归位扣1分；卫生打扫不及时扣2分				
		合计	100					